아버님의 기침 소리

아버님의 기침 소리

초판 1쇄 발행　2025년 10월 27일

지은이 | 정려성
만든이 | 이한나
펴낸이 | 이영규
펴낸곳 | 도서출판 그린아이

등록 연월일 | 2003. 12. 02.
등록 번호 | 제2-3893호
주소 | 서울특별시 은평구 녹번로 6-11, 201호
전화 | 02)355-3035
이메일 | gmh2269@hanmail.net

ⓒ정려성, 2025

책값은 뒤표지에 있습니다.
잘못 만들어진 책은 바꾸어 드립니다.
무단 전재 및 복제를 금합니다.

ISBN 979-11-91376-61-6(03810)

아버님의 기침 소리

정려성 다섯 번째 시집

그린아이

| 시인의 말 |

　나는 오랜만에 다섯 번째 시집인 『아버님의 기침 소리』를 내면서 약간 부끄러운 생각을 하고 있다. 아마 외아들로 태어나서 그랬는지 모르지만, 어린 시절부터 숫기가 없고 남 앞에 나서는 것이 서툴렀다. 물론 몸도 마음도 약해서 그랬던 것 같다.
　국민학교(오늘날의 초등학교) 사학년인가 오학년 때 담임이 정석환程碩煥 선생님이셨는데 하남 정씨河南 程氏로 내 조카뻘 되는 분이셨다. 작문 시간에 내가 써낸 글을 보며 "아제는 장차 좋은 시인이 될 거야"라고 칭찬을 아끼지 않았다. 중학교에 들어가자 담임 선생님이 문병란文炳蘭 시인의 친형이셨는데 "너는 아무래도 시인이 된다는 게 어렵겠다"고 해서 글쓰기를 그만두었고, 고등학교 과정도 그럭저럭 마쳤다.
　호남신학교에 들어가니 시 「봄비」의 작가인 이수복 시인이 대학 국어를 가르치며 "문학 가운데 최고의 문학 작품은 성경이고, 성경 가운데 시편과 잠언과 전도서가 최고의 시"라고 해서 다시 마음을 다잡고 문학 수업을 받았다. 장로회신학대학교에 들어가서는 다형茶兄 김현승 시인의 강의를 통해 "시란 무엇인가"를 배웠다.

　그러다 1969년 군종장교(목사)로 육군에 입대하여 광주 무등산 233미사일 부대에 근무할 때 『전남일보』(현, 광주일보) 신춘문예에 시 「감기」가 당선되어(1970년) 문단에 등단했는데, 공교롭게도 최종 심사위원장이 다형 김현승 시인이었다.

당시 『전남일보』 신춘문예는 전국의 문재文材들이 선망하는 등용문이었다. 그 뒤로 월간 『한국시』에 시 「어떤 연가」, 계간 『시조문학』에 시조 「인동초」가 당선되어 지금까지 서투른 작품 활동을 하고 있다.

특히 장로교 목사 문인들로만 구성된 『광나루문학』은 연간집 33집이 출판되었고, 초교파적 목사 문인들의 모임인 한국목양문학회에서 발간하는 반년간지 『목양문학』은 30집이 간행되어 사제문학으로서의 긍지와 보람을 느끼면서 살아오고 있다.

내 첫 시집 『바람집』은 경향문화사(1981), 제2시집 『어떤 연가』는 도서출판 에스프리(1993), 제3시집 『원죄 이후』는 크리스챤서적(1999), 평양과 북한 기행시를 모은 제4시집 『묘향산 여름날에』는 도서출판 샬롬(2003)에서 출판했다.

이번 제5시집 『아버님의 기침 소리』는 여기저기에 발표했던 작품들을 모아 내가 살아온 여정을 돌아보는 회고의 글이라고 생각을 해 본다.

특히 「축하의 글」을 써준 50여 년 문우文友인 소설가 강호삼 선생과 시 해설을 써준 딸 정경은 교수, 출판계의 어려운 여건 속에서도 정성껏 책을 만들어준 도서출판 그린아이 대표 이영규 장로님에게 감사를 드린다. 그리고 내 사랑하는 세진교회 성도들과 고향의 친구들, 내 가족들인 아들들과 며느리들과 딸과 사위, 잘들 자라고 있는 손자들, 손녀들과 증손주 정도겸에게 기억되기를 바라면서 글을 맺는다.

| 축하의 글 |

강호삼 소설가

　속초束草라는 한자漢字는 '풀을 묶는다'는 의미가 있다. 은혜를 갚기 위해 풀을 묶어 적군의 말馬이 걸려 넘어져 패하도록 했다는 고사에서 비롯된 것 같은데, 어떻게 동해의 북단 작은 도시가 속초라는 이름을 갖게 되었는지 유감스럽게도 그 유래에 대해서는 아는 바가 없다. 속초가 시市로 승격하기 전에는 강원도 양양군에 속한 속초리束草里였었다. 어찌되었든 이렇게 운명처럼 속초라는 곳에서 정려성 목사님을 알게 되었다.
　속초는 38선의 북쪽 동해안의 6.25전쟁으로 수복된 지역이었다. 지금은 설악산을 끼고 있는 유명한 관광지가 되었지만 1969년 당시에는 오징어와 명태가 많이 잡히는 곳이라는 것 말고 거의 알려지지 않은 곳이다. 필자가 총무처에서 실시하는 기상청 시험에 붙고 일부러 오지 중 오지에 속하는 속초를 첫 부임지로 택한 것은 나름 그곳에 가서 공부를 더 해서 좀 더 좋은 직장으로 옮기겠다는 계획을 세웠기 때문이었다.
　속초로 출발하기 전에 지리부도에서 미리 속초를 찾아보았다. 속초로 가는 교통편은 장장 여덟 시간이나 걸리는 군사 작전 도로가 있었다. 그나마 군인들이 한쪽을 막고 차를 통과시킨 뒤에 반대쪽에서 오는 차를 통과시키는 일방통행이었다. 버스는 정기 노선이 없었다. '삼용관광'이라는 버스가 서울 마장동에서 하루에 두 번 운행되고 있을 뿐이었다.
　속초로 가는 날 아침, 공부할 책들로만 가득 찬 가방 하나만 챙겨 들고 버스에 올랐다. 울퉁불퉁한 비포장도로를 달려 오후

3시쯤에야 속초에 도착했다. 전날 비가 내린 탓인지 버스에서 내리자 도로는 발 디딜 곳을 찾을 수 없을 만큼 발이 푹푹 빠지는 진흙탕이었다. 북쪽에서 피란 온 실향민들이 통일이 되면 곧 고향으로 돌아갈 것이라는 희망을 품고 임시 거처로 지은 낮은 슬레이트 지붕 처마 밑의 마른 땅을 골라 간신히 걸음을 옮겼다. 공기 속 어디에선가 생선 썩는 냄새가 넘실거렸다. 공터나 철조망 곳곳에 비를 맞아 허옇게 빛이 바랜 오징어들이 널려 있었다.

하숙집을 구하고 나름대로 속초의 직장 생활이 자리를 잡을 무렵이었다. 첫 임지로 속초를 택한 것은 공부를 더 해서 좀 더 좋은 직장으로 옮기겠다는 목적이었는데 속초방송국의 요청으로 일기예보를 방송하면서 전혀 엉뚱한 짓을 하게 되었다. 속초방송국의 아나운서가 예술대학 문예창작과 출신으로 우연히 문학에 관한 이야기를 나누면서부터였다.

필자는 부산에서 등사판이었으나 문학 동인지를 만들어 본 경험이 있었다. 그래서 무른 호박에 칼이라도 꽂는다는 생각으로 동인지를 만들어 보기로 하고 학교 선생님들을 위주로 동인을 섭외하고 있던 참이었다. 문화시설이라고는 한 곳도 없는 도시였지만 다방이 네 곳 있었다. 가야 다방도 그중 한 곳이었다. 퇴근길에는 으레 그곳에 들렀다. 가야 다방에 가면 클래식 음악을 들을 수 있었다. 마馬씨 성을 가진 다방 주인이 클래식 마니아였다. 서울 종로2가에 있는 르네상스 클래식 음악실에 살다시피 한 나로서는 그곳에서 조금이나마 문화에 대한 숨통을 틔울 수 있었다.

| 축하의 글 |

　그날도 여느 때와 다름없이 퇴근길에 가야 다방으로 갔다. 다방 입구에 입간판이 세워져 있었다. 시화전을 열고 있다는 내용이었다. 전혀 뜻밖이었다. 무엇인가로 뒤통수를 한 대 얻어맞는 기분이었다. "세상에…!" 나도 모르게 중얼거렸다. 다시 보았으나 틀림없이 시화전을 열고 있다는 입간판이었다. 그곳에서 처음으로 정려성 목사님을 알게 되었다.

　다방 안에 들어가서 벽에 걸린 시 「금강산」, 「군가」, 「아리랑 1, 2」 등을 정독했다. 잔잔하면서도 분단된 조국의 아픈 속내를 드러내는 운율이 감동적이었다. 수복의 작은 도시 속초에서 열린 시화전은 곧 속초방송국의 뉴스를 타게 되었다. 뒤에 안 사실이지만 정려성 목사님은 강원도 동부 휴전선 지역인 명파리에 주둔하고 있는 군부대의 군목님이셨다. 내가 처음 알고 있는 정려성 목사님은 군목님으로서가 아니라 한 분의 시인으로서였다. 이후, 목사님은 속초방송국의 〈설악의 향기〉라는 프로그램에 고정으로 출연했고 자연스럽게 필자와도 친해지게 되었다. 그런 필자가 조직한 인연으로 동인지 『갈뫼』에 처음으로 게재했던 시 「강변 살자」 한 편을 소개한다.

　　해망산海望山 바라뵈는
　　노란 참나무 숲속
　　향나무 울 우물터에

조용한 두레박 소리 들으며
종일을
강변에 모여 앉아

카랑카랑한 여자애들의 노래 따라
모래성 쌓던
내 유년의 찬란하던 강변
그때 봄은
유달리 해가 짧았네.

생각해 보면, 오랜 세월이 지났지만 필자가 퇴직 후에 '글을 씁네' 하고 속초의 설악아파트에 칩거하고 있을 때 먼길을 찾아와서 기도와 말씀으로 격려하며 진심으로 나누었던 신뢰의 바탕은 지금까지도 계속되고 있다. 당신은 큰수술을 했으면서도 내색하지 않고 성도들에게나 친구들에게 사랑을 베푸셨다. 이제 오랫동안 각종 문예지에 발표했던 작품들을 선별하여 다섯 번째 시집인 『아버님의 기침 소리』를 내게 되신 것을 축하드린다. 이 한 권의 시집에 그동안 목사님의 압축된 혼이 담겨 있음은 말할 나위가 없겠다.

*강호삼
소설가. 1975년 『현대문학』지에 단편 소설 「영역」과 「산령」이 추천되어 문단에 등단했다.
장·단편 100여 편을 집필했고, 소설집 『메머드 사냥』이 있다.
한국문인협회, 한국소설가협회 등 여러 문인 단체에서 활동 중인 원로 문인이다.

| 차 례 |

시인의 말 · 4

축하의 글 · 6

제1부
어느 봄날 풍경

새해를 맞으며 · 16
어느 봄날 아침에 · 18
봄날 이야기 · 19
어느 봄날 풍경 · 20
봄날 풍경 · 22
아버님의 기침 소리 · 26
어느 여름날에 · 29
유월이 오면 · 30
어떤 추억 · 32
휴전선 유감 · 34
가을에는 · 35
어느 해 가을 · 36
가을 파도는 · 38
가을밤에 · 39
가을바람 · 40
가을날에 · 42
가을 편지 · 43
그리움 · 44
달밤 · 45
시월이 오면 · 46
능주綾州 장날 · 48
첫눈이 오는 날 밤에 · 50
육자배기 1 · 51
육자배기 2 · 52
세한도歲寒圖 · 54

제2부 발자욱 소리

사모곡 1 · 56
사모곡 2 · 57
사모곡 3 · 58
가족 · 60
명절날에 · 62
인생살이 · 63
그녀의 무덤에서 · 64
그녀 생각 · 65
어떤 동행 · 66
수술대 위에서 · 68
발자욱 소리 · 70
병상일기 1 · 72
병상일기 2 · 73
병상일기 3 · 74
병상일기 4 · 75
딸네 집에서 1 - 아침 식사 · 76
딸네 집에서 2 - 점심 식사 · 77
딸네 집에서 3 - 옛날에 딸의 식사 시간 · 78
동행 · 79
코타키나발루의 추억 · 80
오늘같이 좋은 날엔 - 시온이 수빈이의 결혼을 축하하며 · 82

| 차례 |

제3부 근황

거울 앞에서 · 84
근황 · 86
꿈속에서 · 88
엉뚱한 자화상 · 90
어떤 고백 · 92
회고 · 93
망상 · 94
연륜年輪 · 95
인식認識 · 96
농담 · 98
그냥 · 99
밥 이야기 · 100
황혼의 자화상 · 102
자동차를 몰면서 1 · 104
자동차를 몰면서 2 · 105
전철을 타며 · 106
둘레길에서 · 107
눈과 귀 · 108
꼰대들의 노래 · 110
대지大地 · 112
코로나19 이후 · 114
시작 노트 · 115
시의 미학 · 116
내 시론詩論 · 118
어떤 시론詩論 · 120

제4부
엉뚱한 고백

광나루 찬가·124
어떤 잠언·127
당신의 말씀은·128
엉뚱한 고백·130
어떤 소원-황혼에 서서·131
요즈음의 기도 1·132
요즈음의 기도 2·134
요즈음의 기도 3·136
자연을 위한 기도·137
착각·138
엉뚱한 생각 1·139
엉뚱한 생각 2·140
식사 기도·142
사순절에·144
종려주일에·146
골고다 언덕에서·148
불꽃놀이·149
오늘의 십자가·150
그날·152
어느 종말론終末論·155
갈증·158
마라나타·160
어느 날 아침 신문·162
지구를 위하여·163
벌침을 맞으며·164

〈작품 평설〉시인이 된 시, 시가 된 시인_정경은·165

제1부

어느 봄날 풍경

새해를 맞으며

지금은,
묵은해의 저녁 문을 닫고
새해의 새벽 문을 열 시간이다

가슴속으로만 남아 있던
아쉬운 사연들이
어두운 바다,
그 밑으로 잠기고 있다

뒤를 돌아보면
과거는 언제나 아름답고
앞을 바라보면
미래는 언제나 가슴을 설레게 하는 법

눈이 내리지 않지만
정갈한 새벽바람을 맞으며
잊혀진 고향으로 긴 긴 사연을 띄우고 싶다

새 술은 새 부대에 담아야 하고
헌 옷은 새 옷을 대신할 수 없다고 하지만

오래된 술은 그 가치가 더하고
헌 옷은 정겨운 추억이 담긴 것을…

오늘은,
서로가 상반된 이념의 갈등 속에서도
우리 모두는,
정정당당한 신정新正의 아침을 맞는다.

어느 봄날 아침에

"불이야, 불"
"불이야, 불"

오랜만에 늦잠을 자고 있는데
다급하게 들려오는 소리에 눈을 떴으나
너무 조용하여 다시 잠이 들었다

요란한 불자동차 소리에 놀라
다시 눈을 뜨고 창문을 열어보니

"불이야, 불"
"불이야, 불"
이 산 저 산에서 봄꽃들이 맞불질을 하고 있었다.

봄날 이야기

옛날,
내 유소년 시절,
고향에 봄이 오면

자운영꽃들이
온 들녘에 피어나고

종달새는 해가 지도록
하늘에 높이 떠서 지저귀고

제비들은 처마밑에 집을 짓고
새끼들을 키웠는데

요즈음엔,
자운영꽃들도 볼 수가 없고
종달새 지저귀는 소리도 들을 수가 없다

제비는,
여수 돌산,
향일암向日庵 근처에 가봐야 만날 수가 있을까

아마,
모르긴 몰라도
요즈음의 봄날은,
봄날이 아닌지도 모른다.

어느 봄날 풍경

매년 이맘때만 되면
어디선가
남실바람이 불어왔고

동구밖 양지녘에는
실성한 여인이
립스틱 짙게 바르고
겉옷을 한 겹씩 벗어 던지며
긴 하품을 하고 있었네

아무렇게나 걸친
속옷까지 벗어 던지고 나면
자유…

그녀는 개여울로 들어가며
알듯 말듯한 미소를 짓고 있었네

그럴 때면
강 건너 들녘엔
빨강 파랑 노랑 꽃들이

아우성을 지르며 피어났고
온갖 새들은 하늘을 날며
노래하기 시작했네

그러다 보면
그녀는 정신이 돌아왔는지
초경을 치를 여자애들처럼
부끄러움을 탔네

나는 외톨이
'피리 부는 소년'이 되어
버들피리를 불다 보면
봄날은 그냥 다 가고 말았네.

봄날 풍경

내 어린 시절,
어느 봄날엔
가난했지만 참 행복했었네

오일장날이면
아버지를 따라 능주綾州장에 가서
이것저것 구경을 하고

동동구루무 장수와
야바위꾼에 정신을 팔려 다니다가
아버지한테 혼쭐도 났지만

장터국수 한 그릇이
그리도 맛이 있었네

집으로 돌아오는 길에
드들강 봇물소리를 들으며

하천둑길을
이리저리 헤매다 보면

종달새 지저귀는 소리에
해가 지는 줄 몰랐었네

철부지 소년 시절
어느 봄날엔,
나는 사춘기의 아이가 되어
입술을 펄펄 끓이며
하루걸이를 앓고 있었고

그럴 때면,
눈앞에 노란 동그라미들이
하늘로 하늘로 올라가고 있었네

어찌어찌하다가
몸에 열이 내리면
내 정신은 차츰 맑아지고

긴 긴 봄날의 해가 질 무렵이면
자운영 꽃밭에는
벌과 나비들이 닁닁대며

춤을 추다가
서로가 어울려 몸을 풀고 있었네

내 젊은 시절
어느 봄날엔,
푸른 전투복을 입고
휴전선을 누볐었네

때로는
중부 휴전선
임진강을 넘나들며
비지땀을 흘렸었고

동부 휴전선과
건봉산 기슭에서
전우들과 어울려 군가를 불렀었네

동해안 명파리,
통일전망대쯤에선
금강산 낙타봉을 바라보며

조국 통일을 위해 기도를 했었네

요즈음 봄날에는
멀리는 가지 못하지만
계명산 아래 터를 잡고
살아가고 있네

벽제천과 목암천이
좌우로 흘러내리는
고양동 둘레길을 걷다 보면

개나리 진달래 백목련
무리지어 피어나는
벚꽃들을 볼 수가 있어 좋다네

더 느릿느릿 걸어가면
자잘한 들꽃들이
반짝이며 피어 있고
하늘에 뜬 구름도
어덴가로 흘러가는 것을 볼 수도 있다네.

아버님의 기침 소리

내 어린 시절,
아버님의 기침 소리는
자신의 존재감을 나타내는
또 하나의 신호 같은 거였네

아침잠이 많은 내가
늦잠이라도 자고 있으면
내 방문 앞을 오고가시며
헛기침을 하고 계셨네

그래도 일어나는 기척이 없으면
"려성아, 려성아" 하며 타이르듯
내 이름을 부르고 계셨네

내 고향 오일장인
화순, 남평, 이양, 춘양장 및
특히 능주장에 가셨다 오실 때는
아버님의 기침 소리는
좀 유달리 정겨웠었네

그럴 때는,
진돗개 트기인 백산이가
컹컹 짖어대며 사립문을 빠져나갔고
그 뒤를 늦둥이인 누이가
단발머리 휘날리며 따라나갔었네

그다음은 나,
그다음은 어머님이 기다리고 계셨네

하얀 모시 두루마기를 입으시고
갈짓之자 걸음으로 걸어오시는 아버님의 손에
몇 마리의 생선이 들려 있었고
어떤 때는 내 손을 잡고 웃고 계셨네

요즈음엔,
유행하고 있는 '코로나19' 때문에
모두들 마스크를 쓰고 다니며
기침을 억지로 참으며 살고 있는 것을 보며

내 어린 시절,
아버님의 헛기침 소리가 다시 생각나는 것은
그동안 바쁘다는 핑계로
아버님의 따스한 손길을 잊고 살아왔지 않은가 싶네

창밖에 흐드러지게 핀 봄꽃을 보면서
오래전에 세상을 뜨신
아버님의 헛기침 소리가 유달리 그리웁다네.

어느 여름날에

그동안
안으로만 불타는 내 마음에
한 가닥 적란운이 덮어오면

비로소 나의 메마른 대지는
서서히 몸을 풀기 시작하고
가벼운 신음소리를 내고 있었네

이럴 때면
나는 또 다른 내가
요란한 몸짓으로
한 마리 사나운 파충류가 되어
한바탕 운우雲雨의 정을 나누고 나면

오후의 어느 푸른 들녘에선
일곱 빛깔 무지개가 솟아오르고

빨, 주, 노, 초, 파, 남, 보,
행복한 구름다리를 건너가고 있었네.

유월이 오면

유월이 오면
나는 불을 지른 생각이 난다
어른들 속에 섞여 좋아라고 따라다니며
불을 지른 생각이 가끔 난다.

김면장댁 몸채와 사랑채,
신덕리 잠실 창고에 불을 지르고
능주읍내 북문거리에 있는 읍사무소에 불을 질러놓고
온 동네를 돌아다니며
불굿을 하던
우리 마을 그 사람들이 생각이 난다.

꽹과리, 북, 장구, 징 대신해
호미, 낫, 곡괭이, 삽 등을 들고 다니며
사물놀이, 남사당 패거리가 되어
막춤을 추던 그때 그 사람들이 생각이 난다.

우리들은 신명나서 불을 질렀다
딱꿍총 소리 들으며 불을 질렀다
따발총 소리 들으며 불을 질렀다

이 골목 저 골목 돌아다니며
온종일 불을 질렀다.

구렁이 담 넘어가듯,
두꺼비 파리 채 먹고 눈만 깜박거리며 앉아 있듯,
봉사 네 명이 코끼리 만져보듯
눈을 꽉 감고 불을 질렀다.

그러다가 불은 차츰 꺼지고
달은 휘영청 밤하늘에 떠 있는데…
곰곰이 생각을 하니
이제 큰일 났구나,
불을 지를 때는 모두가 다 남의 집 같았었는데
이제 와서 보니 모두가 다 우리들집이 아니겠는가.

잿더미 위에 올라앉아
통곡하며 통곡하며
맨몸으로 보릿고개를 넘어가던
그때, 그 사람들,
가난하디가난한 우리 마을,
그 사람들이 생각이 난다.

어떤 추억

어느 해 초여름날 아침
드들강가에는
아지랑이가 모락모락 피어오르고 있었네

방안에서는 어머니의 베 짜는 소리가 들려왔고
밖에서는 아버지의 새끼 꼬는 소리가 들려왔었네

더 멀리에서는
큰 마을 샘 안집 머슴들이 소를 몰고
어덴가로 가고 있었고

양지녘 향나무 울 우물터에서는
물길러 온 처녀 애들의 웃음소리가
꺄르륵 까꺄륵 숨이 넘어가고 있었네

그런데,
급작히 큰 돌개바람이 불어왔고
비가 내리고 벼락이 치기 시작하였네

밤이면 따발총을 든 병사들이 나타나
마을을 휘젓고 지나갔고
낮이면 딱꿍총을 든 병사들이 마을을 휘젓고 지나갔었네

얼마 있더니
빨간 완장을 찬 큰 마을 상머슴들이
마을을 돌아다니며 사람들을 끌고 다녔고

그 다음에 죽창을 든 조무래기들이
읍내 면사무소와 파출소는 물론
우체국과 정미소와 양조장까지 불을 질렀네

우리 집 옆 잠실 창고도 불을 질렀고
마을 회관도 불을 질렀고
온 동네가 불, 불, 불바다가 되었네

밤이 되자,
모두가 타버린 잿더미 위에서
우리 마을 사람들은 넋을 잃고 통곡하고 있는데
개화들 건너 해망산 위에 둥근 달만 떠오르고 있었네.

휴전선 유감

포연처럼 퍼져버린 물안개 속에서
살아남은 전사들이 화랑담배를 피우고 있다

산 자와 죽은 자를 위하여
고지의 팔부 능선쯤에서
나팔수의 진혼곡이 들려왔다

구멍 뚫린 철모와 찢어진 군화 조각과
녹슨 탄피와 수통이 이리저리 나뒹굴고 있었다

총탄이 빗발치고
포탄이 쏟아지는 전쟁터에서
살아남은 전사들이 비틀거리며 걸어오고 있다

전투는 끝나고
살아남은 전사들이
찢어진 깃발을 휘날리며 거리를 행진하고 있을 때

죽어서도 다시 살아난
또 다른 목 없는 전사들이
절뚝이며 절뚝이며 그 뒤를 따르고 있었다.

가을에는

가을에는,
모든 사람들이 시인이 된다고 하더니
시인인 나도 진짜 시인이 되려나 보다.

"오동잎 하나 떨어질 때,
이 세상엔 가을이 가득하다"고 하더니

고향마을 뒷동산에
감나무, 참나무, 너도밤나무,
그 위를
날던 갈가마귀 떼…

가을에는,
모든 사람들이 시인이 된다고 하더니
시인인 나도 진짜 시인이 되려나 보다.

어느 해 가을

녀석은,
매년 가을이 되면
내 어린 시절 해묵은 사진첩을 들고 나타나
나를 가만가만 불러내고 있었네

까마득하게 잊고 살 만하면
가을바람을 타고 나타난 녀석은
용암산에서부터 흘러내리는 앞 강물을 길러다
우리 집 물 항아리에 붓고 있었네

어느 해 여름엔가
큰물에 떠내려가 죽은 절뚝발이 꽃님이,
우리 집 옆집에 살던 그 꽃님이를 업고 나타나
동구 밖에 있는 성황당에서 큰절을 하고 있었네

추석이 가까워지는 저녁이면,
서울발 광주행 완행열차표를 들고 나타나
나를 불러내는 바람,

나는 뻔히 속을 줄을 알면서도
서울역을 어쩔 수 없이 떠나게 되고

나도 또한 또 다른 바람이 되어
어느덧 고향 뒷동산 참나무 숲에서
상수리나 도토리 알맹이를 줍고 있었네

그러다 보면,
나는 어린 시절 아이가 되어
죽마를 타고 골목길을 다니고 있었고
그해 가을은 다 가고 말았네.

가을 파도는

가을 파도는,

탱그라니 빈
노인의 헛기침 소리네

만가처럼
그렇게
길고 슬픈 가락이었네

유달리 바람소리가
심한 날 아침이면

바다가
이쁜 조개껍질을 밀어내듯

노인은,
아득히 멀어져 간
젊은 날의 환희,

자즈러질 듯한
여자애들의 웃음소리 때문에

노인은,
사춘기의 아이들처럼
부끄러움을 탔네.

가을밤에

토막난 기억 따라
토막잠을 자고,
꾸벅꾸벅 졸다가
뚜벅뚜벅거렸다.

가끔씩은 잠을 자다가
비틀비틀거렸고,
딸랑딸랑 워낭소리가
내 선잠을 깨웠다.

가을바람

동구 밖 장승배기에서
누군가의 눈치를 보며
두리번거리고 있던 바람이
죽마를 타고 놀던 아이들 가랭이 사이를 지나고

다시 바쁜 걸음으로 쏜살같이 달려와
속살 내비치는
젊은 아낙네들의 앞가슴을 풀어 헤치더니
갈가마귀 떼지어 날으는 석양녘엔
참나무 숲을 휘젓고 다녔네

땅거미가 어설프게 드는 초저녁엔
건너마을 양참봉네 집 큰 다무락을 넘어가
별당 아씨 방 안을 엿보고 있었네

아아 어쩐 일인가
바람은 몽달귀신이 되어
살풀이굿을 하더니
도깨비로 변하여
뚜드럭 방맹이를 휘둘러대고 있었네

시름시름
긴 상사병을 앓고 있던
별당 아씨를 들쳐업고
솟을대문 밖으로 도망을 치다가
양참봉네 머슴들에게 멱살을 잡혀
동네 타작마당에서 실컷 덕석몰이를 당하고
홀랑 옷을 벗긴 채
한 가락 회오리바람이 되어
마을 뒷산 넘어
바래봉 쪽으로 사라지고 말었네

새벽까지
아무것도 모르고 몰려온 동네 사람들은
손바닥을 치며
"어허 참, 구경 한번 잘 했다"고
너털웃음을 웃고 있었네.

가을날에

젊은 날,
가을이 오면
혼자 있어도 외롭지 않았고
둘이 있어도 외롭지 않았고
여럿이 있어도 외롭지 않았었는데

요즈음엔,
가을이 오면
혼자 있어도 외롭고
둘이 있어도 외롭고
여럿이 있어도 외로울 뿐이다

하늘엔 깃털구름이 떠가고
비행운이 그 뒤를 따라가면
회오리바람만이 빈터를 쓸고 있다

아마,
모르긴 몰라도
나는 가을을 타는
외롭디외로운 가을 나그네인가 보다.

가을 편지

차라리
한마디 기별일랑 없는 게
큰 축복이다

1년 내내 살아도
소식 한 번 없는
무심한 친구여
어쩌면
무소식이 희소식인가

그러나
가을이 깊어지면
한 번쯤 생각나는
그리움 같은 것

지금쯤
고향집 산울타리에
벌겋게 익어갈 열매들과
오래전에 시집간
누이의 시집살이쯤도 생각나는
가을밤 소슬한 사연을
한마디 안부로
물어도 될까.

그리움

돌아선 산마루에
갈대가 휘날린다
가냘픈 옷자락엔
바람이 뒤따른다
어차피 가야 하는 길
못이긴 척 보낸다

두 손을 마주잡고
얼굴을 바라보면
미운 정 고운 정이
고운 정 미운 정이
얽히고설킨 세월이
강물 되어 흐른다

만나고 헤어지고
또다시 만나서는
당돌한 몸짓으로
서로가 어울려도
그리움 가슴 태우며
심연 속을 헤맨다.

달밤

음력 팔월 한가위
우리 마을 타작마당
가랫불 속에 떠오르던
해맑은 달, 달, 달,

능주 쪽을 바라보면
용암산 위에
벌겋게 타오르던
쟁반만한 크기의 달, 달, 달,

어쩌다가 고향을 찾아
앵남 간이역에서 내려
자갈길을 지나 천암리 숲 속에 들어서면
방석만큼 커져버린 달, 달, 달,

세월이 많이 흘러,
호랑이 담배 먹던 옛날 이야기지만
아직도 내 나이 또래의 사람들에게
흑백 사진으로 남아
가슴속에 뜨고 지는 달, 달, 달.

시월이 오면

시월이 오면,
갈가마귀 떼지어 날던 동구 밖
반갑게 맞아 주시던 내 어머님 같은
늙디늙은 그 당산나무는 그대로 서 있을까

그 밑을 파고 흐르던 실개천엔
미꾸라지 메기 모래무지 비단붕어는
어떻게 살고 있을까

시월이 오면
골목길을 가득 메워오던 발자국 소리
온 마을을 들뜨게 했던
그 해맑은 웃음소리
쿵쿵거리며 지나가던 그 달구지 소리,

능주綾州 장날 이른 아침이면
부산스럽게 지나가던
그 정겨운 목소리 소리 소리…

지금은 시월이 와도
빈 농약병들만 뒹굴고 있다는 논둑길,
메뚜기도 우렁이도 없다는
우리들의 텅 빈 고향,

앞마을 샘 안집에 살던 상머슴들은
지금은 어디쯤에서 살고 있을까

우대미 갑진이도
양지녘 옥열이도
광주, 부산, 서울,
어디쯤에 살고 있을까…

능주綾州 장날

용암산龍岩山 깊은 산골에 살고 있는
산山사람들도
율치栗峙마을 강촌 사람들도

닷새마다 서는 능주 장날엔
서로 만나 정겨운 인사를 나눈다던가

장날마다 만나는
장돌뱅이들도
장터국수 서너 그릇 시켜 먹고

흥이 나면
육자배기 한 가락,
호남가湖南歌를 부르며
춤을 추던 능주 장날

그까짓 서울에사
가 보지 못했지만
우선 노래부터 불러놓고 보는
전라도 촌사람들,

음력 시월,
한가위쯤이면
참깨, 들깨, 토란,
달걀 줄 들고 나와
간고등어, 갈치, 멸치,
돼지고기 서너 근 사서 들고

비틀거리는 발걸음으로
지석천 하천 둑길을 따라 오시던
아, 버, 지,

해망산海望山 위에 달이
둥그런 보름달이 떠 올라왔네.

첫눈이 오는 날 밤에

첫눈이 오는 날 밤엔,
누군가 꼭 올 것만 같아
바스락, 바스락 발자국 소리에 귀 기울여 보았네

첫눈이 오는 날 밤엔,
누군가 꼭 올 것만 같아
도란, 도란 이야기 소리에 귀 기울여 보았네

첫눈이 오는 날 밤엔,
누군가 꼭 올 것만 같아
달그락, 달그락 문고리 소리에 문을 열어 보았네

육자배기 1

내 유년 시절,
오두막에 혼불이 떠다니듯
외다리 도깨비가
외나무다리 건너가듯
청상이 머리를 풀고
하늘로 올라가는 한숨소리다

잊을 만하면 나타나
사립문을 흔들어 놓고
허어이 허어이 휘파람 불며
뒷짐 지고 먼 산을 보며
김삿갓이나 이도령이 되어
구름인 듯 바람인 듯 떠나고 있다

앞을 바라보면 아무것도 없고
뒤를 돌아보면 그림자만 있고
새소리 바람소리 한숨소리
소리로 시작해서 소리로 끝나는
정한情恨의 마지막 골짜기를
숨이 차게 빠져나가고 있다.

육자배기 2

내 유년의 고향집에
희미하게 흘러내리는 호롱불빛이다

초여름밤이면,
온 마을을 떠돌아다니는 혼불이다

외다리 도깨비들이
무어라고 떠들어대며
마을 앞 징검다리를 징검 징검 건너가는
그림자만 있고 몸뚱이는 없는 김서방이다

건너마을 샘 안집에 놀러 갔다가
집으로 돌아오는 길에
잃어버린 꽃님이의 빨간 댕기다

처녀귀신 되었다가
동자귀신 되었다가
소소리바람 타고 하늘로 올라간
슬프디슬픈 어느 과부의 이야기일 수가 있고

외롭디외롭게 살다 간
어느 홀아비의 넋일 수가 있다

잊을 만하면 그 도깨비들이 나타나
북 치고 장구 치고 징 치고 꽈리 불며
탈 쓰고 외줄 타고 이리 왔다 저리 갔다
오두방정을 떨고 있다.

세한도 歲寒圖

급작히 기온이
뚝,
뚝,
뚝,
떨어지고 있네

땅이 마구
짝, 짝, 짝,
갈라지고 있네

어둔 밤이 지나고
이른 새벽녘이면,

어디에선가
도란, 도란, 도란,
이야기 소리가
내 귀에 들려오고 있네

아마,
동장군의 발자국 소리가
쿵, 쿵, 쿵, 들려올 것만 같네

매년, 이맘때가 되면
누군가가 꼭 올 것만 같아
내 아파트 현관문을
살포시 열어 놓고 있네.

제2부

발자욱 소리

사모곡 1

내 어린 시절
어머니날에
어머님 가슴에 개망초꽃을 꽂아드리면
그렇게도 좋아하시던 어머님

젊은 시절
오랜만에 고향집을 찾아가
어머님 가슴에 빨간 카네이션을 달아드리면
너무 자랑스러워하시던 어머님

세월이 많이 흘러갔어도
그 모습 그 얼굴이
내 마음 깊은 곳에 남아 있다네

홀로 고향집을 지키시던 어머님은
오래전에 세상을 뜨셔서
그 영혼은 천국에 가시고
그 몸은 고향 선산 아버님 묘 곁에 묻혔지만

요즈음에
어쩌다가 생각이 나면
나 혼자서 고향 선산을 찾아가
푸른 잔디로 덮인 무덤이라도 보고 온다네.

사모곡 2

오랜만에
고향을 찾아가
드들강 강둑에서 "어머니이" 하고 크게 부르면
강 건너 저 켠에서
"오냐아아"라고 대답하시던 어머니

긴긴 여름날,
산비탈 목화밭에서 김을 매시다가
그놈의 어지럼증 때문에
풀밭에 늘 누워 계시던 어머니

가을이면,
그 어머니의 손끝에서 피어나던
하얀 목화꽃 송이 송이들이
하늘로 하늘로 날아 올라가
솜털구름으로 흘러갔었지

지금은,
아무리 "어머니이이" 하고 크게 불러보아도
"오냐아아"라는 대답이 없이
고향 선산의 푸른 하늘만 울릴 뿐이다.

사모곡 3

오래전,
외아들인 내가
사병으로 군에 입대하던 날
어머니는 바래봉 꼭대기에 올라가
내가 보이지 않을 때까지 손을 흔들고 계셨네

악명 높은 논산훈련소 31연대
평균 영하 15도쯤 되는 추위 속에서
사병 훈련은 평생 잊을 수가 없었네

훈련이 끝나고
안동 36사단 정보처에서 이등병 생활을 하다가
첫 휴가를 갔을 때
동구 밖에서 "어무니이" 하고 부르면
"오냐, 너냐!" 하시며
방문을 열고 맨발로 나오시던 어머니

산비탈 가파른 산밭에 나가
날마다 부르튼 손 놀리시며
김을 매시던 어머니

어머니의 손끝에서 피어나던
목화꽃 송이들이 눈에 선하네

내 어머니는 오래전에
세상을 떠나서 고향 선산에 묻혀 계시지만

어쩌다가
가끔씩은,
마음속으로 "어무니이" 하고 불러보면
"오냐, 너냐" 하고 달려올 것만 같네.

가족

아내,
단 한 번도 여우짓을 못하는 그녀와
한평생을 살아오면서

어찌어찌하여
아들 셋 딸 하나를 낳아 길러 놨더니
이제 나도 한 마리 곰이 되어
비슷하게 닮아가고 있구나

아들들,
큰놈은 속이 깊어 '큰 바위 얼굴' 같고
둘째는 통이 커서
큰일만 저지르고 다니는구나

막내는,
형들을 닮지 않고 자유롭게 살고 있고

딸,
유달리 바다를 좋아하는 딸 하나를 낳아
이리저리 놀려가며 키워 놨더니

지금은,
바다를 닮아서인지
가끔씩은 파도소리를 내고 있구나

손주와 손녀들,
오지 않아서 보이지 않으면
무척 궁금하고
만나서 얼굴들을 보면 반가웁고
소란을 피우다가 가면 더 반가웁고…

명절날에

결혼한 아들 딸이 손자 손녀 데려오면
우리 집 거실에는 웃음꽃이 활짝 핀다
황홀한 꽃밭 속에는 온갖 새가 노래를 한다

지난날 돌아보면 모든 것이 그리운 법,
다 자란 아들 딸이 옛날로 돌아간 듯
자즈러지게 웃다 보면 해 지는 줄 모르겠다

오며는 반가웁고 가며는 더 반갑다
어쩔 줄 몰라하던 철없는 손자 손녀가
한 그루 큰 나무가 되어 우뚝 설 날 있겠다.

인생살이

머나먼
나그넷길에
아련히 떠오르는

행복은
무지개 타고
꽃마차로 오는 걸까

고달픈 인생살이에
기다림만 목이 타네

아들 셋
딸 하나를
어찌어찌 길렀더니

날마다
울고 웃는 소리에
바람 잘 날이 없구나.

그녀의 무덤에서

유정의 세월 속에
녹아든 흔적인가

무정의 공간 속에
빛바랜 사연인가

태고의 이끼를 끼고
승천할 날 기다리다

널따란 치마폭을
훨훨훨 날리면서

바람을 몰고 오고
구름도 몰고 오고

태풍이 지나간 자리에
고요만이 남는다.

그녀 생각

젊은 날엔,
혼자 있어도 외롭지 않았고
둘이 있어도 외롭지 않았고
여럿이 있어도 외롭지 않았다

젊고 건강한 그때는,
앞만 보고 달려왔고
높은 곳을 향하여 뛰어오느라고
아무것도 볼 수가 없었는데

이제는,
천천히 길을 가다 보니
이런저런 것들이
들려지고
보여지고
생각이 나는구나

특히
오래전에
그 나라에 먼저 가
또 하나의 별이 된 그녀가
가끔가끔 생각이 나는구나.

어떤 동행

너와 내가
길을 같이 갈 때는 잘 몰랐다

서로가 갈림길에 들어설 쯤에야
서로가 어느 정도 알 수가 있었다

같은 길로 가고 있지만
네가 앞서거니
내가 뒷서거니
내가 앞서거니
네가 뒷서거니 가다 보면
끝에 가서는 다시 만나게 되어 있었다

내가 너를 얼마나 사랑했는지
네가 나를 얼마나 좋아했는지를
지금은 모르지만
끝에 가서는 다 알게 되어 있었다

처음 너와 내가 만났을 때,
얼마나 가슴이 설레었는지

너와 내가 헤어졌을 때,
얼마나 가슴이 아팠는지를
모두 다 알 수가 있었다

같이 갈 때는 잘 몰랐다
서로가 몸과 마음과 영혼을
섞고 살 때는 잘 몰랐다

너는 하늘로,
나는 땅으로,
갈라설 때에야
네가 얼마나 컸었는지
내가 얼마나 작았었는지
비로소 알 수가 있었다

살다 보면,
언젠가는 다시 만날 것을 다짐하며
오늘도,
나 혼자서
가파른 고갯길을 터덕터덕 걸어가고 있다.

수술대 위에서

아브라함이 모리아산에서
이삭을 묶어 놓고 칼을 번쩍거리듯
마야 잉카족들이 태양신의 제단에
산 제물을 바치듯

나는 차가운 수술대 위에서
집도의 홍박사의 칼짓에
맡길 수밖에 없는 몸뚱아리는
누구에게 바쳐지는 산 제물인가

나는 심청이가 되어
하얀 치맛자락 나풀거리며
인당수 푸른 물결 속으로
빠져들고 있는 것인가

어쩌면 낙화암 기슭으로
꽃잎처럼 지고 있는 궁녀가 되어
수술대 위에서 죽어가고 있었네

주검의 문턱을 넘나들듯
이승과 저승을 넘나들듯
하나의 볼품없는 흙덩이가 되어

하얀 시트 위에서
피비린내 나는 전투를 하고 있었네

미련도, 앙금도, 분노도
억울감도 없는 체념의 길목에 누워
삶의 실타래를 풀며 울고 있었네

그러다 보면 다시 감기는 태엽처럼
의식의 변두리에서부터
별과 달과 해가 떠오르고 있었네

행복을 무엇이라고 불러야 하는가?
성공을 무엇이라고 불러야 하는가?
사랑을 무엇이라고 불러야 하는가?

아름답게 잘 가꾸는 몸뚱아리도
한 가락 지나가는 바람이거나
한 덩이 흙으로 돌아가는 먼지일 뿐

정신이 돌아와 눈이 떠지는 시간이면
하나님의 얼굴처럼
백열등이 내 눈을 부셨네.

발자욱 소리

서울 삼성병원 암병동 509호실
대장암 2기인가 3기의
대장 24센티를 잘라낸 뒤에
항암주사를 맞고 있으면
별의별 발자욱 소리가 들려온다

큰아들 내외와 둘째인 딸과 사위
셋째인 아들과 며느리
막내아들과 며느리의
발자욱 소리를 듣고 있으면,

가물가물 희미해져 가는 의식 속에서도
누군가의 발자욱 소린가를 알 수가 있다

큰아들 내외가 들어올 때는,
조심조심하며 그림자가 먼저 들어오고
발자욱 소리는 그 뒤에 들려온다

둘째인 딸과 사위가 들어올 때는,
좀 요란스럽고 숨이 가쁘다

셋째인 아들과 며느리가 들어올 때는,
형을 닮아서인지 점잖은 기침 소리와
발자욱 소리가 어울려 들어오고

막내아들과 며느리가 들어올 때는,
쿵, 쿵, 쿵,
굵직한 군화발 소리가 들려온다

그러다,
말만큼 커버린 손주들과 손녀들이 몰려올 때는,
이것도 저것도 아닌
발자욱 소리를 분간할 수가 없다

애들이 다 다녀간 뒤에는,
외로운 내 하얀 병실엔
우리 주님이 오시는 발자욱 소리는
들려오지 않지만,

지나가신 다음에야
어렴풋이 실바람 소리를 들을 수가 있다.

병상일기 1

수술대 위에 누워
세에엣, 두우울, 하아나,
손가락으로 세어본다.
외롭다.
누군가 곁에서 울고 있어도
외롭다.

싸늘한 메스가 내 배를 가를 때,
식어져 가는 내 의식의 변두리에선
또 다른 세상이 보여지고 있었다.

유년의 고향,
해망산과 지석강과 넓은 들녘이 보였다.
꽃들은 황홀하게 피어나고
벌 나비는 춤을 추고
새들은 노래하고 있었다.

병상일기 2

서울, 국립의료원 암병동 317호실,
시월의 햇살 받으며
항암제 주사를 맞고 있다.
배멀미보다 더 배멀미 같은
큰 파도가 출렁이고 있었다.
폭풍이 불어오다 조금쯤 멈추는 시간이면
내 신열은 차츰 내려오고
젊은 날의 회억들이 꿈틀대며 살아나고 있었다.
위암 조기발견이라고는 하지만
3분의 2를 잘라버린
내 고달픈 위는 어디로 갔을까.

병상일기 3

3일 밤, 3일 낮을
고래 뱃속에 살았던 요나처럼,
나는 보름 밤, 보름 낮을 병실에 누워
나는 또 하나의 요나가 된다.
니느웨로 가야 할 요나가
다시스로 가는 배를 타듯,
나는 또 하나의 요나가 되어
회색빛 병실에 누워 요나처럼 울고 있다.

병상일기 4

늦가을, 하오의 내 병실엔
생과 사의 전장에서 살아 돌아오는
희미한 발자욱 소리가 들려오고 있었다.

모두가 다 사라져버린 전장에서
외롭게 걸어 나오는 발자욱 소리가 들려오고 있었다.

혼자 살아남은 것 같은 외로움에
슬픔을 깨물며 걸어오는 자여!

피와 바람과 불길 속에서
훈장 같은 상처를 싸매며 돌아오는 자여…

딸네 집에서 1
―아침 식사

물에도 뼈가 있는가
물에도 큰 뼈가 있는가

억지로 입을 벌려
한 모금 물을 넘겨도
목에 가시가 걸리듯 넘어가지 않는구나

사위가 정성들여 만들어 준
요구르트,
불가리스와 저지방 우유로 섞어 만든

조그만 사기 컵에 담아
내 식탁에 갖다 놓으면
하얀 컵이 차츰 커지기 시작하더니

아. 아. 큰 백자 항아리가 되어
나를 삼키는구나
나를 통째로 삼키는구나.

딸네 집에서 2
−점심 식사

"아부지, 점심 드세요~"
딸의 낭랑한 목소리가 들려왔다
"응, 알았다"
나의 시큰둥한 대답이다

"아부지, 식사하시라니까요"
딸의 목소리가 약간 높아졌다
"응, 알았다니까"
나의 목소리도 약간 높아졌다

얼마나 지났을까
"아부지, 밥 드시라니까요~"
딸의 목소리가 거슬렸다
"응, 알았어, 먹으면 될 것 아니냐~"
나는 억지로 식탁에 앉았다

밥알 하나가 주먹만하고
메추리알 하나가 호박 덩어리 같았다.

딸네 집에서 3
―옛날에 딸의 식사 시간

아마,
딸아이가 서너 살 무렵이었는가 싶다

"경은아, 밥 묵자~"
내가 딸을 조용하게 부르면
"예~"라고 딸이 대답을 하고는
밥을 먹지 않고 딴전을 피웠다

"경은아. 밥 묵잔께~"
내가 다시 재촉을 하면,
"예~~"라고 대답을 해놓고도
밥을 먹지 않았다

서너 번 더 "경은아, 밥 묵자"라고 해서야
억지로 몇 숟갈 받아 먹다가
끼룩끼룩 토하기도 했다

그래서 그런지는 몰라도
다른 아들들 세 명은
키가 180센티미터쯤 되는데
딸만이 150센티미터쯤 될까말까 싶다.

동행

언제나 같은 길을 나란히 걷지만
낮에는 타향살이 밤에는 고향살이
서로 뒤바뀐 세월이 마음속에 맴돈다

손 잡고 걸어온 길 꽤 오래됐건마는
낮에는 차가웁고 밤에는 뜨거웁고
그토록 애틋한 정이 꿈결 속을 헤맨다

몸일랑 둘이지만 마음은 오직 하나
멀리선 바람소리 가까이선 노랫소리
달빛도 부끄러운 듯 구름 속에 숨는다.

코타키나발루의 추억

몇 해 전,
내가 대장암 완치 판정을 받고
딸네 가족이랑 코타키나발루로 여행을 떠났다

중년으로 접어든 사위와 딸과
말만큼 다 커버린 손녀 두 명이랑
다섯이서 오랜만에 떠난 여행이라서
젊을 때 같지는 않지만
약간 가슴이 설레는 것도 어쩔 수가 없었다

저녁 무렵 인천공항을 떠난 비행기는
코타키나발루 공항엔 다음 날 새벽에 도착했다

열대의 정경들이 넓게 펼쳐지고
길 떠난 여행객들이 끼리끼리 모여
짐을 찾고 어딘가로 빠져나갔다

우리 일행은
하얏트 리젠시호텔에 짐을 풀고
이른 아침 식사를 하고
민속촌인 마리마리에서 원시의 모습을 볼 수가 있었고

다음 날엔
상그릴라 리조트로 옮겨

오전에 수트라 하버 골프클럽에서
사위랑 내기 골프를 하고
오후엔 샹그릴라 리조트 해변에서 해수욕을 했다

저물 무렵엔
세계 삼대 석양으로 알려진
탄중아루 해변에서 저녁노을을 바라보았고

마지막 날 저녁에는
반딧불 축제를 둘러보고
밤늦은 비행기를 타고 귀국길에 올랐다

지금은 두 손녀들도
결혼을 해서 잘들 살고 있고

나는 이래저래 몸이 좋지 않아
멀리는 가지 못하지만
사위가 만들어준 포토북을 펼쳐보며

영국의 여가수인
사라 브리트만의 노래인
'스카보로의 추억'을 듣고 있다.

*코타키나발루는 도시라는 의미의 단어 '코타'와 '키나발루 산'의 합성어이다.

오늘같이 좋은 날엔
―시온이 수빈이의 결혼을 축하하며

오늘같이 좋은 날엔,
저 높고 푸른 하늘에서
수많은 꽃송이들이
소낙비처럼 쏟아져 내렸으면 참 좋겠다

오늘같이 좋은 날엔,
이 세상에 있는 모든 새들이 노래하고
벌과 나비들이 춤을 추고

한없이 펼쳐져 있는 행복의 오솔길로
일곱 빛깔 무지개가
현란하게 솟아올랐으면 참 좋겠다

정말 오늘같이 좋은 날엔,
천사들의 힘찬 박수소리가 들려오고

굵고 긴 인생살이 살아가며
비와 바람과 눈보라 속에서도
저 하늘나라 이를 때까지

웃음소리, 노랫소리, 박수소리,
오래오래 계속되었으면 참 좋겠다.

제3부

근 황

거울 앞에서

오랫동안,
몸이 좋지 않아서
아침마다 세면을 하고
거울 앞에 선다는 것이 두려웠는데

어느 날 아침,
거울 앞에 섰더니
웬 할아버지 얼굴이
희미하게 어른거렸네

몇 대조 할아버지인 줄은 모르겠지만
아마 외할아버지 얼굴 같기도 하고
내 친할아버지 얼굴 같기도 한
알듯 말듯한 얼굴이 거울에 비추었네

내가 이 세상에 태어나기 전,
오래전에 세상을 뜨셔서
그 흔한 흑백 사진 한 장 남기지 않으신
할아버지 얼굴인가 싶네

나를 바라보고 조용히 웃고 있는
그 모습이
나를 너무 잘 알고 계시는 것 같아서
편하디편한 마음으로
거울을 볼 수가 있었다네.

근황

몸은 으슥으슥
찬기운이 도는 가을 같지만
가슴은 두근두근
또 다른 봄이 시작되는가 몰라

머리는 가물가물
희미해져만 가는데
마음은 소근소근
젊어진 것만 같다네

여럿이 모여 있어도
가끔 혼자 있는 것만 같고
혼자 있어도 여럿이 있는 것만 같아
어리둥절할 때도 있다네

두 눈을 뜨고 있어도
잘 보이지 않을 때가 있고
두 눈을 감고 있어도
많은 것이 보일 때가 있어
속으로 싱겁게 웃고 만다네

귀는 아무리 기울여 보아도
들리지 않은 것이 많고
차라리 두 귀를 닫고 있으면
들리는 소리가 많아
고개를 좌우로 흔들고 만다네.

꿈속에서

나는,
가끔,
짧은 잠, 긴 꿈을 꾸다가
내 목이
몸에 붙어 있나 없나 만져본다

살다 보니
지옥 같은 전투는
날마다 계속되는 것 같고
수없는 총탄이 내 앞에 빗발치고 있었다

나는,
분명 죽은 것 같았는데
숨을 쉬고 있었고
내 눈에 하늘의 별들이 들어와 있었다

그러나 나의 끝없는 전투는
날마다 계속되고 있었고
"십분간 휴식" 하는
누군가의 호각 소리가 내 귀에 들려오면

나는 기지개를 켜며
큰 목소리로 군가를 따라 부르고 있었다

그러다 보면,
내 전투는 어느덧 끝나가고
짧은 잠, 긴 꿈속에서
또 다른 전투를 준비하고 있었다.

엉뚱한 자화상

나는,
가끔 거울에 비친
내 얼굴을 보며
이상한 생각이 들 때가 있다

어찌 보면
내 얼굴 같기도 하고
어찌 보면
내 얼굴이 아닌 것 같기도 해서
머리를 흔들어 버린다

때로는,
거울 앞에서
거꾸로 물구나무를 서 보기도 하고

때로는,
옷을 홀랑 벗고
달릴 것은 달릴 자리에 달려 있고
뚫릴 것은 뚫릴 자리에 뚫려 있는지
심각한 생각을 할 때가 있다

어쩌면 나는 두 얼굴을 가진
피에트로인지 모른다

레오날드가 그린 '성만찬'
예수의 얼굴과 가롯 유다의 얼굴이
교차하고 있는 것을 보며
나는 가슴이 덜컥 내려앉는다

"주여!"
"나는 죄인이로소이다"
또 다른 베드로의 고백을 하며 살아가고 있다.

어떤 고백

나도 외로울 때가 있다
여럿이 어울리며 살고 있지만
가끔씩은 외로울 때가 있다

누군가 조금만 서운하게 해도
외로울 때가 있다

나도 울고 싶을 때가 있다
항상 웃고 살고 있지만
가끔씩은 울고 싶을 때가 있다

누군가 털끝만 건드려도
눈물이 핑 돌 때가 있다

나도 흔들릴 때가 있다
겉으로는 강한 체하며 살고 있지만
가끔씩은 흔들릴 때가 있다

누군가 바벨탑을 쌓고 있는 것을 보면
나도 흔들릴 때가 있다.

회고

날마다
불타던 젊은 날의
건강한 내 사랑은,

한세상
살아가다 보면
차츰차츰 시들어가고

더 세월이 흐르다 보니
차디찬 어둠 속으로
빠져들고 있었다

언제부터인가 모르지만
안으로만 타고 있던
내 사랑은,
이리저리 비틀거리고 있었고

어쩌다 정신을 차리고 보니
해는 이미 저물어가고
바람만이 빈터를 쓸고 있었다.

망상

추야장 긴긴 가을밤에
중국의 도연명을 읽다가
헬라의 우울에 빠져 헤매이다가
구약성경의 전도서를 읽다가 그만둔다

도대체
인생이란 무엇인가
아담이여 대답해 보라

그 현명한 소크라테스와 플라톤이여
서양 문명의 몰락을 예언한 슈펭글러여
로마사를 쓴 토인비와
앞서 살다 간 천재들이여
대답해 보라 대답해 보라

969세를 살다 간 므두셀라와
고뇌의 쓴 잔을 든 욥이여
추야장 긴긴 밤을 하얗게 세우며
"나는 누구인가"를 생각하다가
새벽잠을 잠깐 자다가 그만둔다.

연륜年輪

서로가 얽히고설킨 사연들이
눈을 멀겋게 뜬 채
이리저리 굴러다니고 있었다

설익은 낯선 얼굴들이
사랑과 증오로 엉켜
어중간한 골목길을 빠져나갔다

허무虛無에의 세월들이 뒹구는
생활의 전쟁터에서 상처를 입고
터벅터벅 걸어오는 허수아비여

뒤돌아서기에는 너무 많이 걸어온
우리들의 어설픈 여정旅程
앞으로 나가기에는 너무 버겁다.

인식 認識

젊었을 때는,
눈에 보이지 않아도 알 수가 있었고
귀에 들리지 않아도 다 알 수가 있었다
손으로 만지지 않아도 알 수가 있었고
발로 밟지 않아도 다 알 수가 있었다

중년 시절엔,
비나 눈이 오는 날이면
우산을 들고 밖에 나갔다가
날이 좋아지면
빈손으로 집에 돌아오는 때가 있었고

가방을 들고 밖에 나갔다가
지하철 선반에 올려놓고
그냥 집으로 돌아오는 경우도 있었다

요즈음엔,
눈에 보이지 않으면 없는 것이고
귀에 들리지 않으면 없는 것이다

손으로 만지지 않으면 없는 것이고
발로 밟지 않으면 없는 것이다

아마 모르긴 몰라도
조금 있으면
눈과 귀 손과 발이 없어질 것만 같아
어리둥절할 때가 많이 있었다.

농담

내 친구인 금천金泉은
88세, 미수까지 사는 게
삶의 목표라고 했다

내가 두 살을 더 살아
90세까지 살라고 했더니
그럼 그래볼까 하고 싱겁게 웃었다

그때 가봐서
한두 해 더 살다가 천국에 갔으면 싶네만
살고 죽는 것은
어디 우리들 맘대로 되는 일이던가

그것은 하나님께서나 하실 일이니
우리들이 콩이야 팥이야 해 봤자
말짱 도루묵이 아닌가 싶어
또 한 번 돌아서서 웃고 말았다.

그냥

그 옛날 그때처럼
그 모양 그런대로

서로가 어울리며
얽히고설키면서

아옹다옹 싸우면서도
그냥 그냥 살아가세

나무들이 자라나도
하늘에 닿을 수 없고

고양이가 자라나도
호랑이가 못 되는 법

세상사 모든 것들이
새옹지마가 아니던가

나름대로 살다 보면
모든 것 알 터이니

태초의 그때처럼
해와 달과 별이 되어

그 말씀 그의 뜻대로
한세상을 살아가세.

밥 이야기

젊고 건강할 때
밥상 앞에 앉으면
정신없이 반갑더니

요즈음엔
밥상 앞에 앉으면
덜컹 겁부터 난다

밥알 하나하나가
주먹만한 돌멩이가 되어
내 앞에 놓여 있고

삶은 달걀 하나가
한 마리 독수리가 되더니
사나운 발톱으로
나를 할퀴고 있었다

멸치 한 마리가
동태만하게 커지더니

눈알을 부라리며 달려드는 바람에
젓가락이 가다 말고
주눅이 들어 숨을 죽인다

젊고 건강할 땐
내 밥상에
밥이 많이 나올수록 좋아했는데

요즈음엔
밥이 적게 나올수록 더 좋아지고 있다.

황혼의 자화상

몇 년 전에
운전면허증을 갱신하러 해당 경찰서에 갔더니
젊은 여순경이 내 면허증을 보고
"참 좋습니다"라고 말하면서
새로운 운전면허증 5년짜리를 내주었다

아마 모르긴 몰라도
그전에 검사할 때 내 시력이 좋아서 그랬는가 싶었다

재작년 말에
다시 경찰서에 운전면허증을 갱신하러 갔더니
보건소에 가서 각종 검사와 치매 검사를 받고
자동차 면허시험장에 가서 두 시간 교육을 받아야
3년짜리 운전면허증을 내준다고 했다

보건소에 가보니,
건강은 비교적 좋은 편이고
치매 검사가 문제였다

담당 직원이
"오늘 열시에 철수는 운동장에 가서

친구들과 축구를 했다"고 하면서
몇 가지를 이야기하더니
"철수가 무엇을 했느냐?"고 물어보기에
간신히 대답을 했고
"오늘이 몇 월 몇 일이냐?"고 묻는 말에
한참 머뭇거리다가
"오늘이 월요일인데?"라고 엉뚱한 대답을 했다

자동차 운전면허시험장에 가서
두 시간 동안 이런저런 교육을 받은 다음에
3년짜리 새 면허증을 받았는데
맨 처음 첫 면허증을 받을 때처럼 가슴이 설레었다

요즈음에
노인들이 사고를 많이 내서
운전면허증을 반납하면 몇만 원 준다고 하지만
그럴 생각이 없이
주일날 교회를 갈 때나 친구들과 만날 때
조심조심하며 아는 길로만 차를 몰고 다니고 있다.

자동차를 몰면서 1

인생을 오래 살다 보면,
빨리 달린다고 꼭 좋은 것만은 아닌 것 같다
요즈음엔
속도에 중독된 사람들이 너무 많다

앞만 보고 달리다 보니
앞과 뒤 위와 아래를 다 볼 수가 없어
많은 사고가 나는 것 같다

달리는 속도를 좀 줄이면
얼마나 좋은지 모른다

철 따라 바뀌는 가로수들의 나란한 행렬
가로수 아래 피어나는 들꽃들과 잡초들
하늘에 떠가는 하얀 구름

어느 곳으로 가는 줄도 모르지만
비행운의 긴 꼬리와
비 온 뒤에 일곱 빛깔 무지개를 볼 수가 있어 좋다

느긋하게 차를 몰고 다니다 보면
가끔 잊어버린 사람들의 얼굴도 떠오르고
잊어버린 사람들의 이름도 생각이 난다.

자동차를 몰면서 2

나는 자동차를 몰고 갈 때는
언제나 아는 길로만 다닌다

내비게이션의 여자가 이쁜 목소리로
이리 가라 저리 가라고 해도
나는 자동차를 몰면서 아는 길로만 다닌다

느리고 더디게 달리다 보면
뒤에서 따라오는 차에서
빵빵거리는 소리가 들려도
나는 못 들은 척 천천히 달린다

때로는,
길을 잘못 들어 어리둥절할 때도 있지만
아무리 먼 길이라도 아는 길로만 다닌다

내 머릿속에 입력된
젊은 날의 내비게이션을 꺼내보며
내가 아는 길로만 다닌다

좀 더디고 느리더라도
'토끼와 거북이의 경주'를 생각하며
큰 사고 없이 조심조심 살아가고 있다.

전철을 타며

요즈음에 나이 많아
전철을 공짜로 타고 다니다 보면
늘 고마운 생각이 든다

다리와 허리가 시원찮아
노약자석이 비어 있으면
조심스럽게 앉아서 가고
노약자석이 차 있으면
아무리 멀어도 서서 간다

어쩌다가
일반석이 비어 있어
젊은이가 자리를 권해도
고맙다는 눈인사를 하며
그냥 서서 간다

그래야
내 마음이 편하기 때문이다.

둘레길에서

언제부터인가
많은 사람들이
걷기운동을 하고 있다

봄 여름 가을,
추운 겨울에도 걷고 있다

요즈음엔,
맨발로 걷는 사람들이 그리 많으냐

나도 한 주에 서너 번씩
우리 동네 둘레길을 걷다 보면

내 유년 시절,
능주천 둑길을
맨발로 뛰어다니던 생각이 나서
속으로 싱겁게 웃어본다

이미 저 세상으로 갔을
우댐이 성진이
간댐이 상운이
유달리 친했던 갑봉이…

오늘도 목암천 둘레길을
혼자서 걸어보며
때늦은 향수에 젖어본다.

눈과 귀

1. 눈

눈을 뜨고 있으면
보이는 것들보다
보이지 않는 것들이 더 많다네

눈을 감고 있으면
보이지 않는 것들보다
보이는 것들이 더 많다네

눈을 뜨고 있으면
너무 가까이 있는 것도 보이지 않고
너무 멀리 있는 것도 보이지 않는 법,

요즈음에 나는
눈을 뜨고 지내는 날보다
눈을 감고 지내는 날들이 더 많다네.

2. 귀

귀를 열고 있으면
들리는 소리들보다
들리지 않는 소리가 더 많다네

귀를 닫고 있으면
들리지 않는 소리들보다
들리는 소리들이 더 많다네

귀를 열고 있으면
너무 작은 소리도 들리지 않고
너무 큰 소리도 들리지 않는 법,

귀를 닫고 있으면
너무 작은 소리도 잘 들리고
너무 큰 소리도 잘 들린다네

요즈음에 나는
귀를 열고 지내는 날들보다
귀를 닫고 지내는 날들이 더 많다네.

꼰대들의 노래

이제는,
꼰대들이여
머리를 높이 들라

이제는,
꼰대들이여
어깨를 넓게 펴라

세월이 많이 흘러갔어도
꼰대들이여
큰 소리로 외쳐라

꼰대들이여
자랑스런 꼰대들이여

총알이 빗발치던
저 베트남의 정글 속에서
목숨을 걸고 싸웠던 용사들이여

저 독일의 깊고 어두운 지하 갱도에서
진땀을 흘리며 석탄을 캐냈던 광부들이여

저 머나먼 독일의 어느 병동에서
환자들의 피와 고름을 짜냈던 간호사들이여

저 중동의 건설 현장에서
밤낮없이 일하던 노동자들이여

이제는,
세월이 많이 흘러
병이 들고 늙어
꼰대 소리를 들어도

더 이상 고개를 숙이지 말고
고개를 높이 들라
더 이상 기죽지 말고
큰소리를 쳐라

오늘날,
우리 조국,
대한민국의 번영과 큰 영광이
꼰대들이 있음으로 이뤄졌다는 것을…

대지 大地

비틀거리면서도
결코 넘어지지 않고
넘어질 듯 넘어질 듯 하면서도
다시 일어서는,

그동안,
역사의 크고 작은 물줄기로 흘러왔고
또 흘러갈 큰 강물이다

시간과 공간,
그리고 인간 사이에서
몸을 비비며 버텨 온 대지大地여,

피와 바람과
사나운 폭풍 속에서도
지혜를 심고 순수를 기르며
크고 작은 열매들을 맺어오고 있다

흘러온 오랜 세월만큼이나
다시 흘러갈 영원한 강물,

불분명한
예측 불허의 그늘 아래에서도
느긋하게 낮잠을 즐길 줄도 알고

때로는,
문화와 문명을 되새김질하는
한 마리의 어미소가 되어
밭을 갈고 새끼를 기르며

오늘도 어제처럼
내일도 오늘처럼
느긋하게 살아가고 있다.

코로나19 이후

중국 무한武漢에서 시작된
'코로나19' 팬데믹이
세계를 한 바퀴 돌더니
우리나라에도 한참 기승을 부렸다

요즘에 거리를 지나다 보면
마스크를 쓰고 다니는 사람들이 그리 많으냐

온 나라가 큰 병원이 되어
온갖 마스크를 쓰고 다니는 사람들뿐이다

빨강, 파랑, 노랑
삼원색三原色 마스크로
얼굴들을 가리우더니

최근에는,
빨, 주, 노, 초, 파, 남, 보,
무지개색으로 다양해지고 있다

비교적 나도
나이에 비해 건강한 편이지만
어쩔 수 없이 밖에 나갈 때는
하얀 마스크를 쓰고 다니고 있다.

시작 노트

나는 젊을 때부터 바람의 설레임과
어지러이 휘날리는 깃발이
내 영혼의 한 켠을 지배하고 있다.

파스칼의 '팡세'에서는
"시인이기는 하지만 진실되지 못한 사람"이란 말이 있는 것처럼
모든 시인들의 가슴을 뜨끔하게 하는 말은 없을 것이다
시인이란 시를 쓰는 사람을 의미하고 있는데
때로는 시와 사람의 불균형 때문에 당황할 때가 있다

어떤 시인은 시가 참 좋은 것 같은데 사람이 별로인 경우가 있고
어떤 시인은 사람도 좋고 시도 좋은 경우가 있는가 하면
어떤 시인은 시도 별로고 사람도 별로인 경우가 있다
같은 값이면 시인보다는 시가 좋아야 한다는 것은
물론이다

서양의 어느 철학자가 한 말 같기도 한데
피레네산맥 이쪽에서의 정의가 피레네산맥 저쪽에서는
불의가 될 수 있다는 것이다

물론 어느 켠에서 보느냐에 따라서 다를 수가 있겠지만
시와 사람을 구분할 필요가 없이 시와 사람이 다 같이
좋은 시를 쓰는 시인이 되고 싶은 바람에서
몇 가지 부족한 작품을 써 보았다.

시의 미학

1. 표정

어느 청명한 가을날,

송화백은 나에게
그림 지도를 했다

바닷가엔
몇 그루 소나무가 서 있었고
그 아래엔
해당화도 피어나고 있었다

2. 작업

바다 빛깔은?
까맣습니다

소나무 빛깔은?
까맣습니다

해당화는?
까맣습니다

3. 변용

내가 그려 놓은 화판 위엔
장미꽃 송이가 쏟아져 내리고

푸른 초원에는
목이 긴 사슴들이 노닐고 있었다

하늘에는
낮달이 떠가고 있었다

4. 감상

그러나,
내가 그린 화판 위에는
아무것도 남아 있지 않았다.

내 시론詩論

서투른 내 시는,
한 폭의 아름다운 풍경화들이다

내가 그려 놓은
꽃과 나무와 새들은
하늘을 훨훨 날아다니기도 하고
돌아와 내 화판 위에서 조용히 놀기도 한다

내 시는,
어제와 오늘과 내일의
떠돌이 바람일 수도 있지만

봄과 여름과 가을,
그리고
긴 긴 겨울일 수도 있다

때로는,
너와 나와 우리들의 꿈일 수도 있고
땅과 바다와 하늘의 노래일 수도 있다

어쩌면
내 시는,
해와 달과 별들이 뜨고 지는 사이에
정, 반, 합(正, 反, 合) 논리일 수가 있고

몸과 마음과 영혼의 합창,
진, 선, 미(眞, 善, 美)의 조화일 수도 있다

그러나,
요즈음의 내 모든 시들은
관념과 주관 사이에서
가파른 언덕을 오르느라고
헤매고 있는 중이다.

어떤 시론詩論

나는 시詩라고 쓴 지가 꽤 오래된 것 같다

아마 국민학교 사학년이나 오학년 때,
담임 선생님이 내가 쓴 동시나 동요를 보며
"너는 장차 훌륭한 시인이 될 것 같다"라고 해서
글 아닌 글들을 많이 쓰며 좋아했었다

중학교에 들어가서도 열심히 글을 썼으나
담임 선생님이 "네가 쓴 시는 시가 아니다"고 해서
글쓰기를 그만두었는데 뒤에 알고 보니
그는 진짜 시인이었다

그래저래 글쓰기를 포기하고
신학교에 들어가서 '봄비'를 쓴 이수복 시인과
다형 김현승 시인을 만나 '가을의 기도'
윤동주의 '서시'를 배웠고
정인승 선생으로부터 시론을 배웠다

이수복 시인은 "성경은 모두 시라"고 하며
특히 시편, 잠언, 전도서 등은 훌륭한 시라고 했다

다형은 습작인 내가 보낸 많은 시들을 보며
"너무 관념적이어서 시가 아니라"고 했다

신학교를 졸업하고 군목軍牧으로 입대하여
무등산 미사일 부대에 근무할 때(1970년)
전남일보(현, 광주일보) 신춘문예에 응모했는데
시 '감기'가 당선되었다
최종 심사위원장이 다형 김현승 시인이셨다
뒤에 알고 보니 전남일보는
전국의 유명한 문인들을 배출한 명문지였다

그때부터,
시란 무엇인가를 생각하며
지금까지 시 같지 않은 시들을 써 오고 있다

시란 무엇인가?
한마디로 말할 수는 없지만
시란 균형과 조화라고 생각을 해본다

하나님과 사람과 자연
지知와 정情과 이理
진眞과 선善과 미美
너와 나와 우리의 조화요

과거를 기억하며
현재를 직시하며
미래를 예측하는 것이요
집과 가정의 어울림이라고 풀이를 해본다.

제4부

엉뚱한 고백

광나루 찬가

오늘같이 좋은 날엔,
둥, 둥, 둥, 북소리를 울리고 싶구나
징, 징, 징, 징소리를 울리고 싶구나

광나루!
생각만 해도 가슴이 쿵쿵거리고
생각만 해도 가슴이 설레는구나

경건과 학문 속에
정과 한과 멋을 부리며
온누리를 밝혀온 선지동산先知東山!

평양, 대동강에서 출발하여
서울, 광나루까지
긴긴 여정을 뒤돌아보면

피와 땀과 눈물 속에서
고난과 죽음과 부활을 꿈꾸며
앞서간 선구자들이 생각나는구나

오늘같이 좋은 날엔,
저 예루살렘 어느 들녘
사순절 기간에 피어나던
아네모네꽃 속에서
뚝!
뚝!
뚝! 떨어져 내리던 핏방울
그 핏방울들이 생각나는구나

더러는 가시밭에,
더러는 길가에,
더러는 돌짝밭에,
더러는 옥토沃土에 씨앗을 뿌리며
30배, 60배, 100배의 결실을 위해
숨져가던 순교자들이 생각나는구나

오늘같이 좋은 날엔,
동과 서, 남과 북이 하나 되어
화해와 통합의 깃발을 휘날리며
미래로, 세계로 나아가고 싶구나

광나루!
영광 있으라!
영광 있으라!
영광 있으라!
그 나라에 이를 때까지…

어떤 잠언

좋은 것이 좋은 것이라지만
모든 것이 다 좋은 것은 아니라네
때로는 좋은 것이 더 나쁠 수가 있고

옳은 것이 좋은 것이라지만
옳은 것이 더 틀리는 경우도 있고
때로는 옳다고 생각했던 것들이
틀리는 경우도 있다네

승리란 것도 애를 써 이겨 놓고 보면
차라리 패배한 것만 같지 못하는 경우가 있고

선한 것, 행복한 것, 소중한 것, 아름다운 것들도
악한 것, 불행한 것, 하찮은 것, 추한 것들이
뒤에 지내 놓고 보면 더 좋은 경우가 있다네

이 세상에서
절대적인 것들은 없는 거라네
오직 상대적인 것들이 판을 치고 있을 뿐이네.

당신의 말씀은

당신의 말씀은
나에게 있어
금지옥엽金枝玉葉과도 같습니다

하얀 금쟁반 위에 살짝 올려놓은
잘 익은 능금 알 하나나 둘, 또는 셋일 수가 있고

비단 이부자리 위에 수繡놓아진
백합꽃의 짙은 향기일 수가 있습니다

또한 당신의 말씀은,
백자 항아리에 잘 담겨진 송이 꿀일 수가 있고
마셔도 마셔도 마르지 않은 옹달샘
영원한 생명의 물줄기 같았습니다

때로는,
정의의 강물이 되어
역사의 굽이굽이 흘러왔고

때로는,
공법公法의 하수河水가 되어
온 세상을 넘실거렸습니다

당신의 말씀이 흘러가는 곳마다
고목나무에서도 싹이 나고
꽃이 피고 잎이 피면
벌과 나비들이 춤을 추고
온갖 새들은 노래를 불렀습니다

아 아 당신의 말씀은,
하늘에 떠 있는 해와 달과 별들처럼
어둠을 밝히는 영원한 등불이었습니다.

엉뚱한 고백

당신의 말씀을 읽고 있으면
하늘에 떠 있는 해와 달과 별들이
어두운 내 눈에 보였습니다

당신의 말씀을 듣고 있으면
하늘에 떠 있는 해와 달과 별들이
내 마음속에 들어와 빛났습니다

당신의 말씀을 읽고 있으면
나는 또 다른 해와 달과 별이 되어
어느 높은 하늘에 떠 있었습니다

아 아 당신의 말씀을 듣고 있으면
나는 당신이 되고 당신은 내가 되어
온 세상을 빛내고 있었습니다.

어떤 소원
-황혼에 서서

보고 싶은 것
보게 하시고

듣고 싶은 것
듣게 하시고

먹고 싶은 것
먹게 하소서.

가고 싶은 곳
가게 하시고

놀고 싶은 것
놀게 하시고

자고 싶을 때
자게 하소서.

요즈음의 기도 1

주님, 우리들로 하여금
낮아지게 하소서

알게 모르게 쌓아올린
우리들의 연륜만큼이나
조금씩 조금씩 올라간다는 게
그런대로 많이 올라와 버렸습니다

어쩌면 바벨탑만큼이나
쌓아올려버린
우리들의 쓸데없는 경험과
어지러운 지성과 감성,

주님, 우리들로 하여금
내려오게 하소서
급작스러운 낙하落下보다는
조금씩 조금씩 내려오게 하소서

어쩔 수 없이 쌓아올려버린
허무虛無의 높이만큼
조심조심 내려오게 하소서

주여, 줄어들게 하소서
욕심을 부려 넓혀온 허위虛僞의 넓이만큼
차츰차츰 줄어들게 하소서.

요즈음의 기도 2

주님, 우리들로 하여금
무너지게 하소서
우리들이 쌓아온 시간과 공간
부질없는 것들이
하나씩 하나씩 무너지게 하소서

그러나, 주님
아무렇게나 흩어지지 않도록
아무렇게나 무너지지 않도록
조심스럽게 낮아지게 하소서
조심스럽게 무너지게 하소서

어떤 때는 연역적인 방법으로
어떤 때는 귀납적인 방법으로
정신없이 살아와 버린 우리들의 삶

형이상학과 형이하학이 교차하는
지점쯤에서
돌아서게 하소서

잃어버린 우리들의 유년의 아침
유난히 반짝이던 햇살처럼
풀잎에 맺힌 이슬방울처럼
순수하게 하소서
단순하게 하소서.

요즈음의 기도 3

하나님,
요즈음에
내가 어떻게 살고 있는지
궁금하지 않으세요?
아무렴,
"무소식이 희소식"이라고 말하지만…
그래도 하나님,
요즈음에
내가 어떻게 살고 있는지
궁금하지 않으세요!

자연을 위한 기도

해는 해대로 뜨고 지게 하시고
달은 달대로 뜨고 지게 하시며
별은 별대로 뜨고 지게 하소서

해가 달처럼 뜨고 진다면
달도 아니고 해도 아닌
이상한 해, 달이 될 수밖에 없고
달이 별처럼 된다고 하면
별도 아니고 달도 아닌
이상한 별, 달이 될 수밖에 없듯,

해는 해대로 그냥 뜨고 지게 하시고
달은 달대로 그냥 뜨고 지게 하시며
별은 별대로 그냥 뜨고 지게 하소서.

착각

하나님은,
어쩌면 모르실 거야

눈이 흐려져
돋보기 안경을 쓰고도
그 위에 확대경을 걸쳐야
글씨가 개미처럼 보인다는 것을

하나님은,
아마 모르실 거야
귀가 들리지 않아서
보청기를 귀에 끼고도
무슨 소린가 몰라
주위를 두리번거리고 있는 것을

하나님은,
정말 모르실 거야
두 다리가 힘이 없어
지팡이를 짚고도
쓰러질 듯 쓰러질 듯 걸어가는 것을

하나님은
늙어보지 않았을 거니까.

엉뚱한 생각 1

나는 혼자 있을 때
가끔 하나님을 생각해 본다

하나님은 얼마나 외로우실까

이 세상의 많은 사람들이
하나님을 잘 모르고 살아가고 있는 것만 같고
이 세상의 모든 것들이
하나님을 잘 모르고 살아가고 있는 것만 같다

어쩌면,
하나님은 참 외로우실 것 같다
하나님은 참 답답하실 것만 같다

나도 가끔씩은 잘 아는 것 같지만
때로는 잘 모르고 살아온 것만 같아
늘 죄송스럽고 미안할 때가 있다.

엉뚱한 생각 2

내가 엉금엉금 기어서 앞산 위에 올라가
오고가는 많은 사람들을 내려다보는 것은
내 키가 너무 작기 때문이 아니라
심심해서 그러는 것입니다

바람이 없는 날,
저녁 강물가에서 반짝이는 물비늘을 바라보는 것도
실은 심심해서 그러는 것입니다

한 번쯤 악이라도 써서
저 태양을 머무르게 할 수는 없을까
한 번쯤 삿대질을 하여
저 높은 산들이 마구 무너져 내리게 할 수는 없을까
엉뚱한 생각을 하는 것도
모두가 다 심심해서 그러는 것입니다

가까운 사람들이 하나씩 둘씩 죽어가는 것을 보면서
유가족들이 땅바닥을 치며 통곡하고 있을 때
내가 "달리다굼" 하고 소리를 지르면
다시 살아나게 할 수는 없을까

바늘구멍으로 낙타를 들여보내기도 하고
내가 박수를 치면 하늘에 떠 있는 해와 달과 별들이
마구 쏟아져 내리게 할 수는 없을까
생각하는 것도
모두가 다 심심해서 그러는 것입니다.

식사 기도

요즈음,
혼자서 식사를 할 때
기도를 하지 않고
그냥 식사를 할 때가 있다

그동안
집에서나 밖에서 식사를 하는 경우
기도를 늘 해왔기 때문에
식사 기도는 습관적으로 해왔었다

요즈음에,
혼자서 식사를 하는 경우가 많아졌는데

가끔 기도를 하지 않고
수저를 들고 식사를 하다가
깜짝 놀라
뒤늦은 식사 기도를 하는 경우가 있다

아마
나도 모르게 치매가 걸린 것 아닌가 싶어

치매 검사를 하러 갔더니
치매가 아니고 노인성 건망증인가라고 했다

하나님께서는,
나를 잘 알고 계신 것 같아
편하디편한 마음으로 식사를 하며 살아가고 있다.

사순절에

사순절,
그 십자가 앞에 서면
다 보인다네

한 사내의 두 팔 벌린 모습과
구멍 뚫린 가슴과
흘러내리는 핏방울,
숨넘어가는 모습이 다 보인다네

사순절,
그 십자가 앞에 서면
다 들린다네

"엘로이 엘로이 라마 사박다니"
한 사내의 숨넘어가는 울부짖음,
여인들의 통곡 소리가 들려온다네

사순절,
그 십자가 앞에 서면
다 보인다네

배신의 가롯 유다 얼굴과
오판의 죄가 없다고
피 묻은 손을 씻고 있는 빌라도
열한 젊은이의 죽음이 다 보인다네

사순절,
그 십자가 앞에 서면
다 들린다네

태초의 하늘과 땅과 바다가 뒤바뀌고
해와 달과 별들이 어두워지고
대제국 로마가 마구 무너져 내리는 소리
세계의 역사가 다시 시작되는
그 엄청난 소리가 들려온다네.

종려주일에

나도 사월이 오고 있는 오솔길로
나귀 새끼 한 마리 잡아 타고
먼길 갈거나

나도 예수처럼
자유에의 깃발 펄럭이며
아무거나 올라타고
정말 먼길 갈거나

이리 비틀 저리 비틀
비틀거리며
비틀거리며
갈짓자 걸음 걸어도 아무렇지 않은
먼길 갈거나

징, 징, 징 징소리 울리며
꽹과리 북 장구 치며
피리 불며 나팔 불며

사대문 안 들어설 때
배비장 나무라며
소나무 가지라도 꺾어 흔들며
육자배기나 부를거나

나도 사월이 오고 있는 오솔길로
나귀 새끼 한 마리 잡아 타고
먼길 갈거나
먼길 갈거나.

골고다 언덕에서

하늘에 계시던 님 세상에 내려오사
십자가 짊어지고 골고다 오르실 때
하늘도 슬픔에 겨워 궂은비만 뿌렸다

오르다 쓰러지고 쓰러져 다시 걷는
님 가신 길을 따라 핏자국 선연한데
태양도 두 눈을 감고 목 놓아 울었다

연약한 두 어깨에 우리 죄 다 지시고
한 걸음 또 한 걸음 옮기신 그 자리에
들꽃만 안타까운 듯 고개 숙여 피었다.

불꽃놀이

옛날에 먼 옛날에
당신이 만들어 놓은 그때 그 아이들이
하늘에 닿도록 바벨탑을 쌓고 놀다가
끝내는 벙어리가 되어 흩어져 살더니

지금도,
옛날 옛적
당신이 만들어 놓은 그때 그 아이들처럼
또 다른 바벨탑을 쌓고 있습니다

달나라에 몇 번 갔다 오더니
또 다른 해와 달과 별들을 만들어 놓고
서로가 싸움질만 하고 있습니다

어쩌면,
요즈음에도
당신이 만들어 놓은 그때 그 아이들처럼
소꿉장난 같은 핵폭탄을 만들어 놓고

그 위에 앉아서
불꽃놀이를 하고 있습니다.

오늘의 십자가

얼굴은 없고
손과 발만 있는 당신들은
언제나 우리들에게는 가해자였고
언제나 두들겨 맞고 사는 쪽은 우리들이었습니다

당신들은
언제나 그림자만 있고
몸뚱이는 없었습니다
언제나 당신들은 죄를 저질러놓고
우리들은 언제나 벌을 받고 서 있었습니다

어처구니없는 웃음을 웃고 살다가도
너무 억울해 억억 속으로만 통곡할 뿐입니다

그러나 어떤 때는
우리들도 또 다른 가해자가 되어
당신들과 서로의 옷을 바꿔입으며
죄와 벌의 짐을 질 수밖에 없습니다

오늘도
그림자만 있고 얼굴이 없는
알듯 말듯한 발자국 소리만 들려오고
죄는 당신들이 짓고
우리들은 십자가를 질 수밖에 없습니다.

그날

어허
짝, 짝, 짝,
생살 마구 찢어지는구나

어허
뚝
뚝
뚝
생피 마구 쏟아지는구나

멀쩡한 사지를 갈라놓고
칼춤을 추고 있는
망나니들…

그때 그날 그곳에는
낮의 해가 빛을 잃었다
밤의 달과 별들도 눈을 감았다

누구 없느냐
거 누구 없느냐
정말 누구 없느냐

숨넘어간다
숨넘어간다
우리 예수 숨넘어간다
"엘로이 엘로이 라마 사박다니"

우리 예수 숨넘어간다
숨을 죽인다는 꽃들은 피지 않고
벌과 나비는 춤을 추지 않는다
새들은 노래를 부르지 않는다

어허
짝, 짝, 짝,
생살 마구 찢어지는구나

어허
뚝
뚝
뚝
생피 마구 쏟아지는구나.

우리 예수 숨넘어간다
우리 예수 숨넘어간다
"엘로이 엘로이 라마 사박다니"

어느 종말론 終末論

오호라 슬프다.

우리들이 그토록 사랑했던 사람들과
산과 바다와 하늘이
피와 불과 연기 속에 사라져가는구나

이 언덕 저 언덕 위에
아름답게 심겨진
능금나무, 감람나무, 포도나무, 무화과나무들이
모두 사라져가는구나

그토록 보기 싫었던,
엉겅퀴와 가시나무와 잡풀들까지도
다 사라져가는구나

우리들은 지금 목이 타는가
우리들은 지금 배가 고픈가

마셔도 마셔도 목이 마르고
먹어도 먹어도 배가 고픈가

우리들은 지금
어느 이름 모를 사막의 중간쯤에서
신기루에 홀린 몸과 마음과 영혼,

얼마나 더 가야
오아시스가 있는 것이냐
또는 없는 것이냐
방향 감각을 잃고 헤매는 자가 그리 많으냐

작렬하는 태양 아래
하얀 짐승들의 해골과
앙상한 갈비뼈가 드러나는구나

아아 적막하구나
아아 처량하구나

우리들이 불렀던 그 노래
우리들이 춤췄던 그 춤을
아무리 둘러보아도 찾을 수가 없구나

세계로 통했던
길과 진리와 생명까지도 사라져버린
텅 빈 땅과 텅 빈 바다와 텅 빈 하늘을
어쩌면 좋으냐 어쩌면 좋으냐

이 세상에 아무것도 없는 빈터에 서서
엘리야처럼
하늘로 하늘로 올라갈 수는 없을까
엉뚱한 생각을 해본다.

갈증

요즈음엔
어인 일인지
늘 목이 마르다

수가성 우물가의 여인처럼
물을 마셔도
늘 목이 마르다

홍수가 나서
많은 물이 있어도
마실 물이 없는 것처럼
늘 목이 마르다

요즈음엔
어인 일인지
늘 배가 고프다

벳새다 들녘의 사람들처럼
음식을 먹어도 먹어도
늘 배가 고프다

요즈음엔,
슈퍼에 가보면
온갖 음료수가 판을 치고 있어도
그 옛날,
수가성 우물가의 여인처럼
물을 마셔도 물을 마셔도 늘 목이 마르다

요즈음엔,
식당에 가보면
온갖 음식들이 쌓여 있어도
그 옛날,
벳새다 언덕의 사람들처럼
먹어도 먹어도 늘 배가 고프다.

마라나타

요즈음엔 모든 것들이
속도에 미쳐
뒤죽박죽이 되어가는 꼴들을 보며
한숨만 쉬며 살 수는 없을 것 같다

요즈음엔 모든 것들이
음란에 취해
불뚝불뚝 솟아나는 것들이 그리 많으냐

혼자서라도
이건 아니야
이건 아니야
속으로 외쳐보고 싶다

요즈음엔
먼 옛날
멸망해 가다 잠깐 멈춘
니느웨가 생각이 난다

나도
또 하나의 요나가 되어
사흘 밤 사흘 낮을
목이 터져라 외쳐대며
미친 듯이 소리치고 싶을 뿐이다.

어느 날 아침 신문

새벽기도를 갔다가 집에 오면
현관문 앞에 길게 누워 있는
고기 떼들을 볼 수가 있어 좋다

갓 잡아 올린 듯한 바닷것들이
아침 햇살에 쏘여 반짝거리고

또렷또렷한 눈망울들이
은빛 지느러미를 세워가며
푸덕거리고 있다

또 다른 컨에서는
반쯤 문드러진 동태의 눈깔들이
이리저리 굴러다니며
서로가 묻지도 않은 대답들이 판을 치고

서로서로 삿대질을 해가며
하나마나한 청문회를 하고 있다

저만큼 떨어진 어두운 구석에서는
토막 난 쾌락의 살덩이들이
피로에 지친 채 숨이 넘어가고 있다.

지구를 위하여

어쩌면 좋으냐 이 병든 지구촌을
버리기엔 아까웁고 갖고 있기엔 힘에 겨운
아무리 생각해봐도 풀릴 길이 없구나

그래도 살고 싶고 저래도 정든 땅을
수억 년 지켜오며 살아온 나그네들
우리도 어쩔 수 없이 그냥 살다 가면 안 될까

날마다 여기저기 들려오는 앓는 소리
가파른 언덕길을 힘겹게 올라가듯
병든 몸 가눌 수 없어 목을 놓고 울었다

언제쯤 끝날 건가 피와 불과 연기 속을
태양은 빛을 잃고 달빛도 핏빛이고
별들도 갈길을 잃고 헤매이고 있구나

그 옛날 에덴동산 꿈같은 이야기와
선악과 따먹다가 벌을 받던 아담과 하와
지금도 전설이 되어 예서 제서 들린다

묵시록을 펼쳐보니 앞날을 볼 수 없다
앞도 캄캄 뒤도 캄캄 모두가 캄캄할 뿐
오도 가도 못한 채로 우두커니 서 있다.

벌침을 맞으며

벌침은 약이다
벌침은 독이다

벌침을 약으로 알고 맞으면 약이 되고
벌침을 독으로 알고 맞으면 독이 된다

흔히 1침 2뜸 3약이라고 하여
오십견, 신경통, 관절염에도 좋다고 하며
야튼 벌침은 만병통치약이라고 한다

그러나
때로는 벌침이 독이 되기도 한다
잘못 쏘이다 보면 퉁퉁 부어 몸살을 앓기도 하며
며칠 동안 누워서 꼼짝달싹 못하기도 한다

말도 약이 되기도 하고
말이 독이 되기도 한다

말을 약으로 알고 들으면 약이 되고
말을 독으로 알고 들으면 독이 된다

이 세상에 있는 모든 것들이
모두가 다 독이 되기도 하고
모두가 다 약이 되기도 한다.

작품 평설

시인이 된 시,
시가 된 시인

정경은
(장로회신학대학교 부교수, 교양학)

시인이 된 시, 시가 된 시인

정경은
(장로회신학대학교 부교수, 교양학)

시인에게 시란 무엇인가, 시인이란 어떤 존재여야 하는가에 관해 질문한다면, 정려성 시인은 시로 답한다. 다음 시는 자신이 어떻게 시를 쓰게 되었는지, 시의 세계로 이끈 선생은 누구였는지, 문청 시절엔 어떤 고민을 했는지, 시란 무엇인가, 시인이란 어떤 존재여야 하는가에 대한 생각을 풀어 놓는다.

신학교에 들어가서 '봄비'를 쓴 이수복 시인과/다형 김현승 시인을 만나 '가을의 기도'/윤동주의 '서시'를 배웠고/정인승 선생으로부터 시론을 배웠다.//(중략)신학교를 졸업하고 군목 軍牧으로 입대하여/무등산 미사일 부대에 근무할 때(1970년)/전남일보(현, 광주일보) 신춘문예에 응모했는데/시 '감기'가 당선되었다.(중략)//그때부터,/시란 무엇인가를 생각하며/지금까지 시 같지 않은 시들을 써 오고 있다.//시란 무엇인가?/한마디로 말할 수는 없지만/시란 균형과 조화라고 생각을 해본다//하나님과 사람과 자연/지知와 정情과 이理/진眞과 선善과 미美/너와 나와 우리의 조화요//과거를 기억하며

/현재를 직시하며/미래를 예측하는 것이요/집과 가정의
어울림이라고 풀이를 해본다.
　　　　　　　　　　　　　　－「어떤 시론詩論」 부분

　창작 인생에서 중요한 전환점은 신학교 진학 이후였으며, 이수복, 김현승, 윤동주 등의 시가 영향을 미쳐 지금까지 시를 써왔다고 술회한다. 그리고 시란 하나님과 사람과 자연, 지와 정과 이, 진과 선과 미, 너와 나와 우리의 균형과 조화이며, 과거를 기억하며, 현재를 직시하며, 미래를 예측하는 것이라고 정의한다. 이러한 시론에 의하면 정려성 시인에게 시란 삶 전체이다. 이번 시집이 시인의 몸과 마음과 시간의 기록이라는 큰 줄기를 가지는 것은 이 때문이다. 시인은 시와 시인의 관계에 대해 이렇게 말한다.

파스칼의 '팡세'에서는/"시인이기는 하지만 진실되지 못한
사람"이란 말이 있는 것처럼/모든 시인들의 가슴을 뜨끔하게
하는 말은 없을 것이다/시인이란 시를 쓰는 사람을 의미하고
있는데/때로는 시와 사람의 불균형 때문에 당황할 때가 있다.
//어떤 시인은 시가 참 좋은 것 같은데 사람이 별로인 경우가
있고/어떤 시인은 사람도 좋고 시도 좋은 경우가 있는가 하면
/어떤 시인은 시도 별로고 사람도 별로인 경우가 있다
/같은 값이면 시인보다는 시가 좋아야 한다는 것은/물론이다
　　　　　　　　　　　　　　－「시작 노트」 부분

　시인들의 가슴을 뜨끔하게 하는 말은 '시인이기는 하지만 진실하지 못한 사람'이다. 시가 좋더라도 시인이 진실하지 못하면

온전한 시라 할 수 없다며, 시인에게 있어 중요한 것은 진실한 삶이라는 덕목을 제시한다. 시를 보고 좋은 사람인 줄 알았더니 시처럼 좋은 사람이 아니라는 것을 알고 당황했다는, 시와 시인의 불균형에 '당황'할 때가 있다고 한 구절이 눈에 띈다. 정려성 시인은 마주한 상황에 흔들리지 않고 느긋한 편이다. 그런 시인이 당황이라는 단어를 사용한다. 이는 그냥 당황한 것이 아니라 심하게 당황했다는 의미이다. 시와 시인에 대해 순결을 맹세한 사람의 반응이다. 시인의 기준을 높게 책정하고 있다는 것을 알 수 있다.

그리고 '시가 참 좋은 것 같은데 사람이 별로인 경우', '사람도 좋고 시도 좋은 경우', '시도 별로고 사람도 별로인 경우'로 분류한다. 사람도 좋고 시도 좋으면 더할 나위 없을 것이다. 하지만 '같은 값이면 시인보다는 시가 좋아야 한다'며 시의 본질이 '시'에 있기 때문에 사람보다 시에 무게를 두어야 한다고 원칙적인 답을 한다.

자신을 '시답지 않은 시를 쓰고 있다'고 소개한 시인은 시와 사람이 다 같이 좋은 시를 쓰는 시인이 되고 싶다고 한다. 좋은 시와 좋은 시인이란, 자신이 쓴 시대로 사는 시인이라는 의미이다. 이 말에 밑줄 긋는다면 시는 시인이고, 시인은 자신의 시이다. 그래서 자신의 삶 일부와 전체를 대상으로 한 이 시집은 시로 쓴 자서전이며 그의 시론을 구현한 시집이다.

▨ 유년, 시적 귀향

정려성 시인은 90세 가까이에서 자신의 삶을 시로 정리한다.

유년시절의 고향과 전쟁, 아버지와 어머니, 군목으로 근무했던 18년, 중년의 사별, 질병과 가족, 신앙, 지금 어떤 삶을 살고 있는지 차근차근 써내려간다.

유년시절의 기억 중 세세한 곁가지가 떨어져 나가고 남게 된 몇 단편적인 장면들은 동화나 전설 같다. 봄이나 봄날의 빛처럼 따스하고 몽골거리며 분홍빛을 띤다. 온 들녘에 피어났던 자운영꽃, 오일장, 마을 앞 논배미 허수아비, 우물, 초가을 지붕의 박 넝쿨과 보름달, 드들강 봇물 소리, 종달새 지저귀는 소리, 눈 내린 겨울밤의 다듬이 소리, 육자배기 소리, 장터국수 등 들리는 듯, 보이는 듯, 맛이 나는 듯 생생하다. 시에 등장하는 인물과 지명을 독자도 알고 있다는 듯 설명이나 각주도 없이 제시하기 때문에 독자는 시인의 이야기를 곁에서 듣고 있는 것 같은 느낌이 든다.

특정 계절이나 장면, 시점이나 공간에서 유년기의 감각들이 살아난다. 유월이 오면 마을에 불을 지른 생각이 나고, 초여름날 아침 드들강가에는 아지랑이가 피어오르고, 시월이 오면 마을 골목길을 가득 메워오던 웃음소리, 달구지 소리가 들린다.

유년의 풍경, 사람들, 장소, 사건은 시간을 횡단하여 현재에서 과거로 건너가고 과거는 현재의 정서적 여유와 따뜻함으로 이어진다. 다음 시에서 봄은 유년을 지나 젊은 날의 휴전선, 요즈음 계명산 아래까지 관통한다.

내 어린 시절,/어느 봄날엔/가난했지만 참 행복했었네
//오일장날이면/아버지를 따라 능주綾州장에 가서/이것저것 구경을 하고//동동 구루무 장수와/야바위꾼에 정신을 팔려

다니다가/아버지한테 혼쭐도 났지만//장터국수 한 그릇이
/그리도 맛이 있었네//(중략)내 젊은 시절/어느 봄날엔,
/푸른 전투복을 입고/휴전선을 누볐었네//때로는/중부 휴전선/
임진강을 넘나들며/비지땀을 흘렸었고//(중략)요즈음 봄날에는/
멀리는 가지 못하지만/계명산 아래 터를 잡고/살아가고 있네
-「봄날 풍경」 부분

 어린 시절의 봄은 가난했지만 행복했다. 우물가의 소녀들이 할머니가 되고 장날의 흥겨움은 사라졌지만 유년으로 귀향한 시는 노스텔지어, 지난 시절에 대한 그리움의 정서를 자아낸다.
 시인은 어린 시절의 추억 중 외다리 도깨비, 도깨비 방망이, 혼불, 처녀귀신, 동자귀신, 몽달귀신, 장승배기, 성황당 등 마을 전설 같은 사건을 고른다. 현실과 허구의 섞임이 자연스럽고, 시와 이야기의 경계를 넘나든다. 죽은 절뚝발이 꽃님이 귀신이 등장하는 시는 귀신 이야기이지만 절뚝발이 어린 소녀가 홍수에 떠내려간 안타까움이 더 크기 때문에 무섭지 않다. 민담이나 전설에 나올 것 같은 존재들을 실제로 본 듯 실감나게 들려준다. 다음 시도 마당극을 보는 듯하다.

동구 밖 장승배기에서/누군가의 눈치를 보며/두리번거리고
있던 바람이/죽마를 타고 놀던 아이들 가랭이 사이를 지나고
//(중략)땅거미가 어설프게 드는 초저녁엔/건너마을 양참봉네
집 큰 다무락을 넘어가/별당 아씨 방 안을 엿보고 있었네//
(중략) 시름시름/긴 상사병을 앓고 있던/별당 아씨를 들쳐 업고
/솟을대문 밖으로 도망을 치다가/양참봉네 머슴들에게 멱살을

잡혀/동네 타작마당에서 실컷 덕석몰이를 당하고/홀랑 옷을
벗긴 채/한 가락 회오리바람이 되어/마을 뒷산 넘어/바래봉
쪽으로 사라지고 말었네//새벽까지/아무것도 모르고 몰려온
동네 사람들은/손바닥을 치며/"어허 참, 구경 한번 잘 했다"고
/너털웃음을 웃고 있었네.

─「가을바람」부분

상사병을 앓는 아씨를 보쌈해서 멍석말이를 당하는 이야기, 1980년대 아씨와 머슴의 사랑영화 '마님'을 보는 듯하다.

환상과 허구를 넘나드는 고향 이야기는 실제 사건도 동화처럼 시작한다. 시 「어떤 추억」은 전쟁 전 드들강의 아지랑이, 어머니의 베 짜는 소리, 아버지의 새끼 꼬는 소리 등 평화롭고 따뜻한 농촌의 일상으로 시작한다. 그리고 '큰 돌개바람'과 '비와 벼락'처럼 갑작스럽게 전쟁과 혼란이 닥친다. 이후는 다음 시로 이어진다.

유월이 오면/나는 불을 지른 생각이 난다/어른들 속에 섞여
좋아라고 따라다니며/불을 지른 생각이 가끔 난다//김면장댁
몸채와 사랑채,/신덕리 잠실 창고에 불을 지르고/능주읍내
북문거리에 있는 읍사무소에 불을 질러놓고/온 동네를 돌아
다니며/불굿을 하던/우리 마을 그 사람들이 생각이 난다.
//꽹과리, 북, 장구, 징 대신해/호미, 낫, 곡괭이, 삽 등을 들고
다니며/사물놀이, 남사당 패거리가 되어/막춤을 추던 그때
그 사람들이 생각이 난다.//우리들은 신명나게 불을 질렀다
/딱꿍총 소리 들으며 불을 질렀다/따발총 소리 들으며 불을

질렀다/이 골목 저 골목 돌아다니며/온종일 불을 질렀다.
//구렁이 담 넘어가듯,/두꺼비 파리 채 먹고 눈만 깜박거리며
앉아 있듯,/봉사 네 명이 코끼리 만져보듯/눈을 꽉 감고 불을
질렀다.//그러다가 불은 차츰 꺼지고/달은 휘영청 밤하늘에
떠 있는데…/곰곰이 생각을 하니/이제 큰일 났구나,/불을 지를
때는 모두가 다 남의 집 같았었는데/이제 와서 보니 모두가 다
우리들집이 아니겠는가.//잿더미 위에 올라앉아/통곡하며
통곡하며/맨몸으로 보릿고개를 넘어가던/그때, 그 사람들,
/가난하디가난한 우리 마을,/그 사람들이 생각이 난다.

-「유월이 오면」

　처음은 어린 시절 마을에서 쥐불놀이 같은 불놀이를 한 흥겨운 기억인가 보다 하고 읽는다. 하지만 '불을 지를 때는 모두가 다 남의 집 같았었는데 이제 와서 보니 모두가 다 우리들집이 아니겠는가'라는 구절에서 해석이 막혀서 위로 올라가 제목을 보면 「유월이 오면」이다.
　6.25가 발발한 달, 시인은 한국전쟁 당시 고향마을에서의 방화사건으로 돌아간다. 딱꿍총과 따발총은 국군과 인민군 측의 무기이다. 아침에는 국군이, 저녁에는 인민군이 마을을 휘젓는다. 저녁 즈음 빨간 완장을 차거나 죽창을 든 마을 사람들이 김면장댁 몸채와 사랑채, 읍사무소, 잠실 창고 등을 불태운다. 마을 사람들은 괭이와 낫을 휘두르며 사물놀이처럼 돌아다니고, 아이들은 마을 잔치나 되는 것처럼 따라다니며 같이 불을 지른다. 마을을 불태우는 한바탕 난장, '불굿'을 치른다. 어른들은 이것이 잘못된 것임을 알고 있지만 구렁이 담 넘어가듯 눈을 감는다.

분위기에 의한 묵인 행위이다. 일부 어른과 아이들은 목적도 없이 의미도 모른 채 휩싸여 돌아다닌다. 그러다가 정신을 차리고 보니 자신들이 불태운 것이 '우리 집'이었다는 사실을 깨닫는다.

어린이는 전쟁의 의미를 이해할 수 없다. '본 것'을 기록할 뿐이다. 전쟁의 참혹함과 어린이의 천진함을 대비해서 전쟁의 비극을 선명하게 보여주는 단편소설 한 편을 읽는 듯하다. 붕괴한 마을 공동체 위로 여느 때와 다름없이 달이 떠오른다. 잿더미 위에 올라앉아 넋을 잃고 통곡하며 보릿고개를 넘는 가난한 마을 사람들에 대한 연민의 마음이다. 이처럼 고향과 어린 시절의 이야기에서는 서사와 서정이 황금비율로 잘 구성되어 있다.

▨ 가족, 몸과 마음과 시간의 기록

이번 시집은 1세대에서 4세대까지 가족공동체를 주 대상으로 한다. 시인에게 가족, 어머니, 아버지, 아내, 자녀(며느리, 사위), 손주 내외, 증손은 그리움의 원천이며, 삶을 구성하는 한 이유이다.

시인과 시간의 한 조각을 같이했던, 사라져도 사라지지 않은, 부재 이후에야 알게 되는 자리의 대상은 부모와 아내이다. 아버지는 함께 보낸 공간, 생활을 책임진 가장, 기침 소리로, 어머니는 향기, 어지럼증, 목화, 목소리 등으로, 기억들을 재구성해서 정리되어 있다. 그러나 아내의 죽음은 사건으로부터 가까워서인 듯, 부모와 함께했던 것보다 더 긴 시간과 공간을 함께했기 때문인 듯, 아직 정리가 안 돼 보인다. 시인이 그러했듯 아내는 자녀들의 기억에서 어머니의 시간과 공간과 일상으로 재구성될 것이다.

아버지는 유년 시절의 풍경과 분리할 수 없는 따뜻하고 그리운 존재이며 추억의 중심이다. 다음 시에서 시인은 오일 장날이면 아버지를 따라 능주장에 가서 이것저것 구경하는 것이 큰 즐거움이었다고 한다.

> 닷새마다 서는 능주 장날엔/서로 만나 정겨운 인사를 나눈다던가//장날마다 만나는/장돌뱅이들도/장터국수 서너 그릇 시켜 먹고//흥이 나면/육자배기 한 가락,/호남가湖南歌를 부르며/춤을 추던 능주 장날,//그까짓 서울에사/가 보지 못했지만/우선 노래부터 불러놓고 보는/전라도 촌사람들,//음력 시월,/한가위쯤이면,/참깨, 들깨, 토란,/달걀 줄 들고 나와/간고등어, 갈치, 멸치,/돼지고기 서너 근 사서 들고//비틀거리는 발걸음으로/지석천 하천 둑길을 따라 오시던/아, 버, 지,
>
> ―「능주綾州 장날」 부분

1950년대 시골 장의 풍경이 세밀하게 펼쳐진다. 닷새 만에 만나 서로의 안부를 묻는 고향 사람들, 장돌뱅이들이 국수를 먹고 흥이 나면 육자배기 호남가를 부르며 춤을 춘다. 서울에 가보고 싶으나 그까짓 것이라고 던져버리는 전라도 촌사람들의 '호기', 이 호기가 아버지를 지나 시인의 DNA, 삶에 대한 호기로 흐른다. 이것은 뒤에서 보게 되는 느긋함과 농담에서 구현된다.

아버지는 한가위 무렵엔 능주장에 가서 참깨, 들깨, 토란, 달걀을 팔고, 돌아오실 때는 간고등어, 갈치, 멸치, 돼지고기 서너 근 사서 지석천 하천 둑길을 따라 오신다. 이러한 아버지를 생각하면 먹먹해지는 그리움을 '아, 버, 지,'와 같은 한 자 쓰고 쉼표,

한 자 쓰고 쉼표를 찍는 것, 글자와 글자 사이의 간극으로 표현한다.

아버지의 호방함과 자유로운 성격은 소리로 나타난다. 다음 시에서 아버지의 기침 소리는 아버지의 존재감을 드러내는 청각기호이다.

> 내 어린 시절,/아버님의 기침 소리는/자신의 존재감을 나타내는/또 하나의 신호 같은 거였네//(중략)내 방문 앞을 오고가시며/헛기침을 하고 계셨네//(중략)"려성아, 려성아" 하며 타이르듯/내 이름을 부르고 계셨네//(중략)특히 능주장에 가셨다 오실 때는/아버님의 기침 소리는/좀 유달리 정겨웠었네//그럴 때는,/진돗개 트기인 백산이가/컹컹 짖어대며 사립문을 빠져나갔고/그 뒤를 늦둥이인 누이가/단발머리 휘날리며 따라 나갔었네//그다음은 나,/그다음은 어머님이 기다리고 계셨네//하얀 모시 두루마기를 입으시고/갈짓之자 걸음으로 걸어오시는 아버님의 손에/몇 마리의 생선이 들려 있었고/어떤 때는 내 손을 잡고 웃고 계셨네//요즈음엔,/유행하고 있는 '코로나19' 때문에/모두들 마스크를 쓰고 다니며/기침을 억지로 참으며 살고 있는 것을 보며//(중략)오래전에 세상을 뜨신/아버님의 헛기침 소리가 유달리 그리웁다네.
>
> ―「아버님의 기침 소리」 부분

아버지는 아침에 아들의 방문 앞을 오고 가시며, 일어나라는 잔소리보다 헛기침을 하신다. 그 가운데서도 가장 정겨운 아버님의 기침 소리는 장에서 오실 때라고 추억한다. 장에 가서 마신

술로 비틀거렸지만 가족에게 돌아온다. 그 길에 내는 기침 소리는 귀환을 알리는 신호이다. 그 신호에 여동생, 시인, 어머니, 키우던 강아지까지 반응하였다. 시인은 그 강아지의 이름이 '트기'였다며 6.25 이후 혼혈아들이 불러일으킨 시대상을 잠깐 건들고 지나간다. 기침 소리는 가장으로서 아버지의 존재감을 나타냈고, 가족을 하나로 묶는 정겨운 소리였다.

  위 시의 창작 시점은 코로나19 팬데믹 기간이다. 여기저기에서 들리는 기침 소리와 자신의 기침 소리에서 불현듯 아버지를 떠올린다. 아버지의 기침 소리는 존재를 알리고 가족을 부르는 따뜻한 신호였지만, 코로나 기간 기침 소리는 감염의 위험 신호로 여겨져 숨겨야 하는 행위가 되었다. 같은 소리가 시대와 상황에 따라 억제된다. 기침 소리는 '존재감'의 증표이다. 죽은 자는 기침 소리를 낼 수 없기 때문이다. 모두 마스크를 쓰고 사람과의 접촉을 피하면서 존재감을 나타낼 수 없는 코로나 시대를 살면서, 호기로 살았던 아버지를 생각한다. 그리고 아버지와의 기억을 애틋하게 부각한다.

  정려성 시인의 아버지는 어머니보다 일찍 돌아가셨기에 시인과 청장년 시절을 함께하지 못했다. 그래서 아버지는 유년과, 어머니는 청년 시절과 연관된다. 어머니 역시 시인의 젊은 날을 구성하는 한 부분이다. 시인은 이 시집에서 어머니를 그리워하는 노래를 몇 편 싣는다. 시인은 어머니를 꽃, 목화밭, 어지럼증과 같은 '일상'과 '소리'로 기억한다. 개망초꽃을 꽂아드리면 그렇게도 좋아하시던, '어머니이' 하고 부르면 '오냐아아', '오냐, 너냐'라고 대답하시던 어머니다. 의성어 사투리를 그대로 적은 데서 남도 특유의 낮은 목청음이 들리는 듯하다.

오래전,/외아들인 내가/사병으로 군에 입대하던 날/어머니는
바래봉 꼭대기에 올라가/내가 보이지 않을 때까지 손을 흔들고
계셨네//(중략) 첫 휴가를 갔을 때/동구 밖에서 "어무니이"
하고 부르면/"오냐, 너냐!" 하시며/방문을 열고 맨발로
나오시던 어머니//산비탈 가파른 산밭에 나가/날마다 부르튼
손 놀리시며/김을 매던 어머니//어머니의 손끝에서 피어나던
/목화꽃 송이들이 눈에 선하네//내 어머니는 오래전에
/세상을 떠나서 고향 선산에 묻혀 계시지만//어쩌다가
/가끔씩은,/마음속으로 "어무니이" 하고 불러보면
/"오냐, 너냐" 하고 달려올 것만 같네.

-「사모곡 3」 부분

아버지는 즐거운 추억의 한 부분이지만 어머니에 대한 기억은 회한에 가깝다. 평지의 좋은 땅을 구입할 여력이 없던 가난한 어머니, 바깥으로 돌아다니는 남편 대신 산비탈의 가파른 산밭을 개척하고 부르튼 손으로 김을 맸고, 목화를 길러 솜을 만들고 내다 팔았을 것이다. 영양부족으로 빈혈을 달고 사셨던 어머니는 어지러움증이 있어 일하다 말고 가만 누워 진정되기를 기다린다. 지금은 치료법이 많아졌기에 당시에 해결해 드리지 못한 것이 안타깝다.

어머니는 외아들이 군에 입대하던 날 바래봉 꼭대기에 올라가 아들이 보이지 않을 때까지 손을 흔들고 계신다. 바래봉이 어떤 의미에서 붙여진 이름인지는 모르지만, 누군가를 기다리는 사람의 모양을 한 바위가 있는 산이 아닐까 하는 생각이 든다. 그리고 첫 휴가 때는 동구 밖에서 어머니를 부르는 아들의 소리를 알아

듣고 맨발로 달려 나오신다.

어머니는 시인의 청년 시절, 입대, 휴가 등 의미 있는 순간에 항상 계셨기 때문에 그리움의 진폭이 크다. 그래서 오래전에 세상을 떠나셨지만 가끔 마음속으로 '어무니이' 하고 불러보면 '오냐, 너냐' 하고 달려올 것만 같다.

정려성 시인은 십여 년 전에 아내와 사별했다. 사별 후 몇 년 사이의 시에는 아내에 관한 혹은 사별했다는 사실을 표현하지 않는다. 그러다가 이 시집에서는 오래전에 먼저 가 별이 된 그녀가 가끔 생각난다며 사별 전 함께한 일상, 사별 후의 헛헛함, 사후 재회 기대까지 담백하게 내비친다.

죽음 이후에야 깨닫는 것들이 있고, 사라지면 보이는 자리가 있다. 상실 후 부재의 무게를 느끼게 되는 관계의 아이러니이다. 생전에는 눈여겨보지 않고 생각하지 않았던 것들이 보이고, 살아 있을 땐 몰랐던 사소함, 온도 차, 풍경들이 사랑의 일부였음을 깨닫는다. 아내는 청년 이후의 삶을 함께 하였다. 젊은 날 함께 걸었던 사랑의 길, 장년기의 덤덤한 길, 지금도 기억 속에서는 여전히 함께 걷는다.

> 너와 내가/길을 같이 갈 때는 잘 몰랐다//서로가 갈림길에 들어설 쯤에야/서로가 어느 정도 알 수가 있었다//
> (중략)처음 너와 내가 만났을 때,/얼마나 가슴이 설레었는지/너와 내가 헤어졌을 때,/얼마나 가슴이 아팠는지를/모두 다 알 수가 있었다//같이 갈 때는 잘 몰랐다/서로가 몸과 마음과 영혼을/섞고 살 때는 잘 몰랐다//너는 하늘로,/나는 땅으로,/갈라설 때에야/네가 얼마나

컸었는지/내가 얼마나 작았었는지/비로소 알 수가 있었다
//살다 보면,/언젠가는 다시 만날 것을 다짐하며/오늘도,
/나 혼자서/가파른 고갯길을 터덕터덕 걸어가고 있다.
―「어떤 동행」 부분

처음 만나 설레었고, 헤어질 때 가슴이 아팠고, 끝에 가서야 사랑을 알게 된다. 갈림길에 들어서야 내가 그를 얼마나 사랑했는지 그가 나를 얼마나 사랑했는지, 그가 얼마나 컸는지 내가 얼마나 작았는지도 알 수 있다. 그는 하늘로 가서 별이 되고, 언젠가는 다시 만날 것을 믿는다. 사랑은 기억과 해석 속에서 완결된다. 이는 홀로 남은 존재가 삶을 버티는 방식이다.

이처럼 정려성 시인은 먼저 간 어머니, 아버지, 아내의 기억과 흔적을 통해 사랑과 살아감의 의미를 되새긴다. 삶과 죽음 사이의 시간, 사랑과 상실 사이를 시의 언어로 건너가는 만남과 이별과 그리움에 관한 이야기이지만 독자는 이 시를 만남―이별―재회의 기대라는 관계의 은유로 받아들인다. 우리는 시를 읽으며 현재 사랑하는 사람들과의 관계를 소중하게 여긴다. 그리고 이별은 견디기 힘들고 고통스럽지만 살다 보면 만날 수 있다는 기대를 안고 느긋한 시간을 견딜 수 있다. 개인의 이야기가 보편성을 획득해서 공감으로 이어지는 문학의 효용성을 확인하는 순간이다.

정려성 시인은 고인이 된 어머니와 아버지 그리고 아내뿐 아니라 현재 함께하는 가족도 시 가운데로 불러온다. 이 시집은 아들 셋과 딸 하나가 성장하는 과정의 우여곡절, 잘 자라 준 것에 대한 감사, 명절날 가족의 풍경과 손주들의 웃음, 모였다 떠난 뒤의

고요함과 안도감, 병상에서 들리는 자녀들의 발소리, 딸이 차려준 아침 식사, 딸의 가족과 함께한 여행 등 아버지, 할아버지, 증조할아버지로서의 기록이다.

  시를 읽어가다 보면 자녀들의 모습과 성격이 그려진다. 큰아들은 속이 깊어 큰 바위 얼굴같이 성품이 신중하고 든든하다. 나이 든 아버지를 가끔 놀리지만 항상 아버지의 편이다. 딸은 바다를 좋아하더니 파도처럼 조곤조곤 말하다가, 툭툭거리기도 하고, 뜬금없는 제안도 성큼한다. 셋째 아들은 통이 커서 큰일을 저지르지만 점잖고, 과감하고 추진력 있지만 안정감이 있다. 막내아들은 자유로우며 독립적이고 활발하며 거침없는 성격이지만 소소하게 다정하다.

  가족 서사 역시 아들들과 딸의 걸음 소리, 말투, 습관, 성격 등 소리와 행동 묘사로 구체화한다. 다음 시에서 시인이 암투병하는 병실은 아버지와 자녀들의 사랑이 구체적으로 구현되는 공간이다. 암 수술 후 약기운에 가물가물 희미해져 가는 의식 속에서도 아버지는 자녀들의 소리로 존재를 감지한다.

> 서울삼성병원 암병동 509호실/대장암 2기인가 3기의
> /대장 24센티를 잘라낸 뒤에/항암 주사를 맞고 있으면
> /별의별 발자욱 소리가 들려온다 //(중략)가물가물
> 희미해져 가는 의식 속에서도/누군가의 발자욱 소린가를
> 알 수가 있다//큰아들 내외가 들어올 때는,/조심조심하며
> 그림자가 먼저 들어오고/발자욱 소리는 그 뒤에 들려온다
> //둘째인 딸과 사위가 들어올 때는,/좀 요란스럽고 숨이 가쁘다
> /셋째인 아들과 며느리가 들어올 때는,/형을 닮아서인지

점잖은 기침 소리와/발자욱 소리가 어울려 들어오고
//막내아들과 며느리가 들어올 때는,/쿵, 쿵, 쿵,/굵직한 군화발
소리가 들려온다//그러다,/말만큼 커버린 손주들과 손녀들이
몰려올 때는,/이것도 저것도 아닌/발자욱 소리를 분간할 수가
없다//애들이 다 다녀간 뒤에는,/외로운 내 하얀 병실엔 /우리
주님이 오시는 발자욱 소리는/들려오지 않지만,//지나가신
다음에야/어렴풋이 실바람 소리를 들을 수가 있다.

-「발자욱 소리」 부분

  시인은 병상에서 가족의 존재를 청각적 이미지로 감각한다. 기침 소리가 아버지의 존재감을 나타냈다면, 병실 문 앞의 발소리는 각 가족 구성원의 존재감이다. 조심조심하며 그림자가 먼저 들어오고, 좀 요란스럽고 숨이 가쁘고, 점잖은 기침 소리, 굵직한 군홧발 소리, 손주들의 분간할 수 없는 발걸음 소리조차도 사랑의 소리이다. 각 자녀의 성격과 발소리를 구별하는 세심한 감각에서 자녀 각 개인이 시인에게 주는 사랑의 형태를 알 수 있다. 가족들이 돌아간 후 조용히 기도하는 가운데 주님의 발걸음 소리가 들리지 않을까 기대하지만, 어렴풋한 실바람 소리처럼 이미 그분이 지나가셨다는 것을 알고, 주님의 은혜가 항상 함께하고 있음을 고백한다.
  이처럼 시인의 인생에서 적지 않은 부분을 차지하는 가족은 시간의 흐름을 증명하는 존재, 과거를 회상하게 하는 매개, 죽음 이후에도 다시 만나고 싶은 사람, 사랑의 본질을 깨닫게 하고 위안을 주는 존재들이다. 시인은 가족과의 일상을 사랑과 보살핌으로 받아들이고, 이들에게서 받는 위로를 시로 기록했다. 시인의

자녀들은 아버지의 시를 읽으며 아버지의 장년 시절을 '성큼성큼' 앞서서 걸었던 발걸음 소리로, 함께 식사하고 헤어질 때 무릎을 꿇고 자녀들을 축복했던 기도 소리로 기억할 것이다.

근황, 솔직함과 농담 그리고 의연함

이 시집으로 시인이 요즈음 어떤 생각을 하고 어떤 상태인지 세세한 근황을 파악할 수 있다. 시인은 나이 들어가는 것, 쇠약해지는 육체 그리고 죽음을 담담하게 받아들이고 여유있게 반응한다. 이러한 반응의 기저에는 의연함의 자세가 자리하고 있다. 의연함이란 여유를 가지고 조용하게 받아들이는 방식이다. 이것이 노년이 느끼는 육체와 시간과 죽음에 대한 두려움을 상쇄하기 위한 위악적 무의식이라는 느낌이 들지 않는 것은 의연함과 더불어 슬픔과 고독의 감정 역시 솔직히 인정하기 때문이다.

시인은 연장자로서 성직자로서 강한 척하기보다는 나이가 들어가면서 육체의 쇠약함이라는 낯선 상황과 마주하는 당혹감과 고독을 솔직하게 인정한다. 다음 시는 외로움, 상실감, 나약함, 두려움, 한계 앞에서 느끼는 감정들을 그대로 진술한다.

> 나도 외로울 때가 있다./여럿이 어울리며 살고 있지만/가끔씩은 외로울 때가 있다.//누군가 조금만 서운하게 해도/외로울 때가 있다.//나도 울고 싶을 때가 있다/항상 웃고 살고 있지만/가끔씩은 울고 싶을 때가 있다.//누군가 털끝만 건드려도/눈물이 핑 돌 때가 있다.//나도 흔들릴 때가 있다/겉으로는 강한 체하며 살고 있지만/가끔씩은 흔들릴 때가 있다.

//누군가 바벨탑을 쌓고 있는 것을 보면/나도 흔들릴 때가 있다.
-「어떤 고백」

늘 그런 것은 아니지만 '가끔' 외로울 때, 울고 싶을 때, 흔들릴 때가 있다며 이러한 감정에 눌리지 않는다는 호기를 부리기도 한다. 하지만 '조금만' 서운하게 해도 외롭고, 온몸이 아닌 '털끝'만 건드려도, 낙엽이 지는 소리에도 눈물이 핑 도는 것은 그가 천성적으로 부여받은 시인의 기질에서 연유할 것이다. 성직자이지만 남들이 바벨탑을 쌓는 것을 보면 자신도 흔들릴 때가 있다는 세속적 면모도 솔직히 고백한다. 솔직하다는 것은 외로움과 약함과 흔들림이 삶의 일부라는 것을 알고 있기 때문이다.

시간의 흐름 역시 회피하지 않고 받아들인다. 다음 시는 얼굴에서 발견하는 시간의 변화를 담담하게 마주한다.

오랫동안,/몸이 좋지 않아서/아침마다 세면을 하고/거울 앞에 선다는 것이 두려웠는데//어느 날 아침,/거울 앞에 섰더니/웬 할아버지 얼굴이/희미하게 어른거렸네//몇 대조 할아버지인 줄은 모르겠지만/아마 외할아버지 얼굴 같기도 하고/내 친할아버지 얼굴 같기도 한/알듯 말듯한 얼굴이 거울에 비추었네//내가 이 세상에 태어나기 전,/오래전에 세상을 뜨셔서/그 흔한 흑백 사진 한 장 남기지 않으신/할아버지 얼굴인가 싶네//나를 바라보고 조용히 웃고 있는/그 모습이/나를 너무 잘 알고 계시는 것 같아서/편하디 편한 마음으로/거울을 볼 수가 있었다네.
-「거울 앞에서」

오랫동안 몸이 좋지 않았기 때문에 쇠약해진 육체를 마주하는 것에 머뭇거림이 있다가 용기를 내서 거울을 본다. 웬 할아버지 얼굴이 희미하게 어른거린다. 마음은 아직 따라가지 못한 할아버지 같은 자신의 얼굴을 인식하는 순간이다. 하지만 가만히 보니 외할아버지 같기도 하고 친할아버지의 얼굴 같기도 하다. 어린 시인을 사랑하고 아껴주었던 그들이었으리라. 그래서 편하디 편한 마음으로 거울을 본다. 노화가 자연스러운 흐름 속에 있음을 받아들이고 현재 모습을 평온하게 받아들인다. 이는 육체의 변화, 상실, 질병을 삶의 연속으로 수용하기에 가능한 인식이다.

다음 시는 시력이 흐려지고, 귀가 잘 들리지 않고, 다리 힘이 없는 노년의 변화를 잔잔하게 바라보며 유머를 던진다.

> 하나님은,/어쩌면 모르실 거야//눈이 흐려져/돋보기 안경을 쓰고도/그 위에 확대경을 걸쳐야/글씨가 개미처럼 보인다는 것을//하나님은,/아마 모르실 거야/귀가 들리지 않아서/보청기를 귀에 끼고도/무슨 소린가 몰라/주위를 두리번거리고 있는 것을//하나님은,/정말 모르실 거야/두 다리가 힘이 없어/지팡이를 짚고도/쓰러질 듯 쓰러질 듯 걸어가는 것을//하나님은/늙어보지 않았을 거니까.
>
> ―「착각」

시력 저하로 돋보기를 쓰고도 확대경을 걸쳐야 글씨가 개미처럼 보인다. 청력의 감퇴로 보청기를 끼고도 무슨 소린가 몰라 주위를 두리번거린다. 근육의 약화로 지팡이를 짚고도 쓰러질 듯 걸어간다. 이러한 신체 변화를 '하나님은 늙어보지 않았을 거니까'

모를 것이라는 유머스러운 표현은 그리 심각하게 읽히지 않는다. 하지만 이 가벼운 구절 뒤에 신은 왜 인간을 늙게 만드셨을까. 하나님이 늙음을 아신다면 그렇게 하지는 않았을 것이라는 생각에서 나이듦에 대해 진지하게 생각하게 된다.

육체의 쇠약에 처한 노년의 소원은 단순하지만 어렵다. 돈이 많고 지위가 높아지는 것만 축복이 아니다. 다음 시는 황혼에 선 시인이 일상을 일상으로 누리는 것이 소원이라고 한다.

> 보고 싶은 것/보게 하시고//듣고 싶은 것/듣게 하시고//먹고 싶은 것/먹게 하소서.//가고 싶은 곳/가게 하시고//놀고 싶은 것/놀게 하시고//자고 싶을 때/자게 하소서.
> ―「어떤 소원」

보고 싶은 것을 볼 수 없고, 듣고 싶은 것을 듣지 못하고, 먹고 싶은 것을 먹을 수 없는 것이 불행이다. 제약 없이 보고 싶은 것을 보고 듣고 먹고 여행하고 놀고 자는 것이 축복이라는 사실을 젊은 사람들은 알지 못한다. 이 시를 읽으면 당연하게 누리고 있는 것들에 감사하게 된다.

정려성 시인은 육체의 노화를 자연스럽게 받아들이면서 동시에 노년의 육체로 발견한 새로운 감각도 보여준다.

> 몸은 으슥으슥/찬 기운이 도는 가을 같지만/가슴은 두근두근/또 다른 봄이 시작되는가 몰라//머리는 가물가물/희미해져만 가는데/마음은 소곤소곤/젊어진 것만 같다네//여럿이 모여 있어도/가끔 혼자 있는 것만 같고/혼자 있어도 여럿이 있는

것만 같아/어리둥절할 때도 있다네//두 눈을 뜨고 있어도
/잘 보이지 않을 때가 있고/두 눈을 감고 있어도/많은 것이
보일 때가 있어/속으로 싱겁게 웃고 만다네//귀는 아무리
기울여 보아도/들리지 않은 것이 많고/차라리 두 귀를 닫고
있으면/들리는 소리가 많아/고개를 좌우로 흔들고 만다네
-「근황」

몸은 으슥으슥 찬 기운이 도는 가을 같지만, 가슴은 두근두근 또 다른 봄이 시작되는 듯하다. 머리는 가물가물 희미해지는데 마음은 소곤소곤 젊어진 것만 같다. 육체는 노쇠하지만 내면은 호기심과 생동감을 잃지 않는다. 고린도후서 4장의 '그러므로 우리가 낙심하지 아니하노니 우리의 겉사람은 낡아지나 우리의 속사람은 날로 새로워지도다'를 현실판으로 보여준다.

노화된 육체의 감각이 변한다. 두 눈을 뜨고 있어도 잘 보이지 않을 때가 있고, 두 눈을 감고 있어도 많은 것이 보일 때가 있다. 아무리 기울여 보아도 들리지 않은 것이 많고 차라리 두 귀를 닫고 있으면 들리는 소리가 많다. 여럿이 모여 있어도 혼자 있는 것만 같고 혼자 있어도 여럿이 있는 것만 같다. 같이 있을 때 혼자만의 시간을 갖기도 하고 혼자 있는 순간에도 관계의 풍요로움을 느낀다. 젊은 시절과 다르지만 노년의 시간에 개척한 감각과 관계인식이다.

다음 시에서는 늘 해오던 식사 기도였는데 요즈음 혼자 식사할 때는 기도를 잊어버리고 뒤늦게 다시 기도하는 모습도 솔직하게 그린다.

요즈음,/혼자서 식사를 할 때/기도를 하지 않고/그냥 식사를
할 때가 있다//그동안,/집에서나 밖에서 식사를 하는 경우
/기도를 늘 해왔기 때문에/식사 기도는 습관적으로 해왔었다
//요즈음에,/혼자서 식사를 하는 경우가 많아졌는데//가끔
기도를 하지 않고/수저를 들고 식사를 하다가/깜짝 놀라/뒤늦은
식사 기도를 하는 경우가 있다//아마/나도 모르게 치매가
걸린 것 아닌가 싶어/치매 검사를 하러 갔더니/치매가 아니고
노인성 건망증인가라고 했다//하나님께서는,/나를 잘 알고
계신 것 같아/편하디편한 마음으로 식사를 하며 살아가고 있다.
- 「식사 기도」

이 시는 '치매가 걸린 것 아닌가' 스스로 진단하고 병원에 가 보았지만 치매가 아니고 노인성 건망증이라며, 하나님이 이러한 자신을 잘 알고 계실 것이라며 편한 마음으로 식사를 한다는 짧은 이야기이다. 자신의 연약함을 이해하고 받아주시는 하나님에 대한 감사와 신뢰, 그리고 그 안에서 얻는 마음의 여유를 보여준다.

시인은 신체의 약화와 인지 저하를 자연스러운 것으로 받아들이면서 자신이 마주한 노년이라는 삶의 '경기장'을 떠나지 않는다. 운전면허증 갱신을 소재로 한 여러 편의 시에서 운전 능력을 검증하고 신체검사를 하고 나서도 여전히 운전을 이어가며 조심조심 아는 길로만 다닌다. 그러나 포기하지 않는다. 이처럼 육체는 늙어가지만 마음은 여전히 전투태세이다. 그래서 꿈속의 '끝없는 전투' 중에도 여전히 '군가를 부르는' 시인의 시는 나이듦을 소재로 하지만 암울하지 않다. 「꼰대들의 노래」는 이러한 의지를

집단의 정체성으로 확장한다. 전쟁과 산업화의 현장에 헌신했던 '꼰대' 세대를 늙었다는 이유로 폄하하지 말아야 한다는 자존감을 볼 수 있다.

정려성 시인의 천성은 여유와 농담이다. 삶의 유한함과 죽음, 나이듦에 대한 진중한 주제를 다룰 때 솔직하지만 이러한 현상과 변화에 짓눌리지 않는다. 쇠퇴한 노년의 육체와 상황을 농담 같은 유머로 풀어낸다. 운전면허 갱신 때 '오늘이 몇 월 몇 일이냐?'고 묻는 말에 한참 머뭇거리다가 '오늘이 월요일인데?'라고 엉뚱한 대답을 해서 치매인가 해서 검사받았다는 사실, 철학과 종교와 역사의 위대한 인물들을 불러내 '나는 누구인가'를 묻지만, 결국 잠시 자다가 질문을 그만둬 버렸다는, 친구와 '몇 살까지 살 것인가'를 이야기하다 '그건 하나님이 하실 일'이라며 싱겁게 웃었다는 장면들은 그의 여유를 보여준다. 여유가 없으면 유머와 농담의 자리가 없다.

여유와 느긋함은 순리를 거스르지 않는 삶의 태도에서 연유한다. 시인은 해는 해대로 뜨고 지고, 달은 달대로 뜨고 지며, 별은 별대로 뜨고 지게 해달라고 기도한다. 해가 달처럼 별이 해처럼 뜨고 진다면 그건 재앙일 것이다. 하나님이 창조하신 대로 순리대로 살아가는 것이 축복이라고 말한다. 살아가면서 직면하는 문제 중의 하나는 다른 것을 욕망하기 때문이다. 고양이가 호랑이 되고자 하고, 나무가 하늘에 닿기를 원하면 고통과 좌절이 뒤따른다.

그 옛날 그때처럼/그 모양 그런대로//서로가 어울리며/얽히고설키면서//아옹다옹 싸우면서도/그냥 그냥 살아가세

//나무들이 자라나도/하늘에 닿을 수 없고//고양이가 자라나도/호랑이가 못 되는 법//(중략)태초의 그때처럼/해와 달과 별이 되어//그 말씀 그의 뜻대로/한세상을 살아가세.
ㅡ「그냥」 부분

나무들이 아무리 자라나도 하늘에 닿을 수 없고 고양이가 자라도 호랑이는 되지 못한다는 사실을 받아들이고 신의 창조 의도와 시간의 흐름 속에 자신을 올려놓는 것이 가장 좋다. 인간은 인간답게 얽히고설키고 아웅다웅 싸우면서 사는 게 당연하다는 삶에 대한 포용성, 그래서 삶은 지속된다는 생각으로 육체의 변화에도 느긋할 수 있다. 특별한 것만이 역사가 되는 것은 아니다. 밭을 갈고 새끼를 기르는 일상이 역사가 된다. 오늘도 어제처럼, 내일도 오늘처럼 아무 일이 일어나지 않아도 그냥그냥 살아가면 되는 것이다. 이러한 시인의 자세는 다음 시에서 대지의 느긋함으로 표현된다.

비틀거리면서도/결코 넘어지지 않고/넘어질 듯 넘어질 듯 하면서도/다시 일어서는,//(중략)시간과 공간,/그리고 인간 사이에서/몸을 비비며 버텨 온 대지大地여,//(중략)불분명한/예측 불허의 그늘 아래에서도/느긋하게 낮잠을 즐길 줄도 알고//때로는,/문화와 문명을 되새김질하는/한 마리의 어미소가 되어/밭을 갈고 새끼를 기르며//오늘도 어제처럼 /내일도 오늘처럼/느긋하게 살아가고 있다.
ㅡ「대지大地」 부분

대지는 거대한 시간과 공간과 인간 사이에서 비틀거렸지만 결코 넘어지지 않고, 넘어질 듯 넘어질 듯 했지만 다시 일어선다. 비틀거리지 말아야 한다거나 넘어지지 말아야 한다고 주장하지 않는다. 비틀거릴 수도 있고 넘어질 수도 있다. 이를 인정한다면 비틀거리고 넘어지는 순간 당황하지 않을 것이다. 대지는 묵묵하게 오랜 세월을 받아왔기 때문에 역사와 시대와 인생이 예측불허함을 알고 있다. 알고 있기 때문에 자신감이 있고 이 자신감이 '느긋함'의 태도를 낳는다. 이는 '노년'의 지혜에 대한 은유이다.

하나님과의 저녁식사

정려성 시인이 삶에서 느긋함과 여유와 농담의 자세를 보이는 것은 그가 하나님의 인도하심을 믿는 신앙의 사람이기 때문이다. 성직자로서 십자가 사건이 '세계의 역사가 다시 시작되는' 엄청난 사건임을 선포하며, 잘못된 길을 가는 신앙인들에 대한 질타, 어떤 것으로도 채울 수 없는 현대인의 갈증, 자연과 역사와 사회적 현실에 대한 성직자로서의 해석을 보여준다. 그리고 하나님과 대화하고 묵상하며 하나님이 자신의 삶에 임재하시기를 구한다.

성직자 시인의 시는 경건과 깨달음 그리고 설교 어조에서 자유롭지 못하다. 하지만 정려성 시인의 시가 다른 신앙시와 다른 특징적인 면은 민중적 시어, 징, 꽹과리 등 전통 악기와, 육자배기 노래 등 한국 정서로 성경의 장면들을 구성한다는 데 있다. 다음 시는 예수님의 예루살렘 입성을 마치 김삿갓, 이몽룡의 암행어사 출두 장면, 자유의 독립군과 같이 묘사한다.

나도 사월이 오고 있는 오솔길로/나귀 새끼 한 마리 잡아 타고
/먼길 갈거나//나도 예수처럼/자유에의 깃발 펄럭이며
/아무거나 올라타고/정말 먼길 갈거나//이리 비틀 저리 비틀
/비틀거리며/비틀거리며/갈짓자 걸음 걸어도 아무렇지 않은
/먼길 갈거나//징, 징, 징 징소리 울리며/꽹과리 북 장구 치며
/피리 불며 나팔 불며//사대문 안 들어설 때/배비장 나무라며
/소나무 가지라도 꺾어 흔들며/육자배기나 부를거나//나도
사월이 오고 있는 오솔길로/나귀 새끼 한 마리 잡아 타고
/먼길 갈거나/먼길 갈거나.

-「종려주일에」

  종려주일은 고난주일 전이다. 예수님이 예루살렘에 입성하는 길에 민중들이 종려나무 가지를 흔들며 호산나를 외친 사건과 연관한다. 시인이 이 사건에서 첨가한 내용은 오솔길과 먼길 그리고 자유의 깃발이다. 시인은 예수를 외로운 길을 가는 방랑자처럼 해석한다. 그리고 자신도 사월이 오고 있는 오솔길로 예수님처럼 나귀 새끼 한 마리 잡아타고 자유에의 깃발 펄럭이며, 비틀거리며 갈짓자 걸음을 걸어도 아무렇지 않은 신념의 길, 먼길을 갈거나 하며 독백조로 말한다. 똑바로 걸어야 한다고 말하지 않는다. 비틀거려도 먼길을 가도 길만 잃지 않으면 된다는 자유로운 바람 같은 존재이다. 이러한 시인이 지극히 보수적인 성직자의 길을 30년 넘게 걷느라 힘들었겠다 하는 생각을 하면서, 이른바 시인의 어투로 '싱긋' 웃어본다.
  정려성 시인은 하나님을 대하는 태도도 편안하다. 하나님에게 자신의 늙어감이나 외로움, 소소한 일상을 시시콜콜 얘기한다.

맑은 별 아래 훈풍이 부는 어느 저녁, 오래된 친구와 느긋한 식사를 하며 이런저런 대화와 실없는 농담을 주고받는 듯하다.

하나님,/요즈음에/내가 어떻게 살고 있는지/궁금하지
않으세요?/아무렴,/"무소식이 희소식"이라고 말하지만…
/그래도 하나님,/요즈음에/내가 어떻게 살고 있는지
/궁금하지 않으세요!
-「요즈음의 기도3」

어린아이가 부모에게 하듯 '내가 어떻게 살고 있는지 궁금하지 않으세요?'라는 솔직한 질문은 하나님의 침묵을 느꼈을 때 쓴 시일 수도, 대화의 대상이 필요한 순간이었을지도 모르지만, 여러 면에서 시인의 고민이 묻어난다. 이러한 솔직함은 어린아이와 같은 엉뚱한 상상력으로 이어진다.

이번 시집에서는 '엉뚱한'이라는 형용사를 종종 발견할 수 있다. 엉뚱함이란 야릇하다거나 우습다라는 의미이다. 엉뚱하지만 날카로운 상상으로 세상의 혼돈과 멸망을 경고하기도 하고, 제목도 「엉뚱한 고백」, 「엉뚱한 생각 1」, 「엉뚱한 생각 2」, 「엉뚱한 착각」, 「엉뚱한 자화상」 등 적지 않다.

다음 시에서 엉뚱함은 비현실적이면서도 과감한 상상으로 표현된다. 엉금엉금 기어서 앞산 위에 올라가는 것 같은, 현실에서는 실현하기 어려운 상상력을 발휘하고는 이것이 '심심해서'라고 한다.

내가 엉금엉금 기어서 앞산 위에 올라가/오고가는 많은 사람들을 내려다보는 것은/내 키가 너무 작기 때문이 아니라/심심해서 그러는 것입니다.//바람이 없는 날,/저녁 강물가에서 반짝이는 물비늘을 바라보는 것도/실은 심심해서 그러는 것입니다. //한 번쯤 악이라도 써서/저 태양을 머무르게 할 수는 없을까/한 번쯤 삿대질을 하여/저 높은 산들이 마구 무너져 내리게 할 수는 없을까/엉뚱한 생각을 하는 것도/모두가 다 심심해서 그러는 것입니다.//가까운 사람들이 하나씩 둘씩 죽어가는 것을 보면서/유가족들이 땅바닥을 치며 통곡하고 있을 때/내가 "달리다굼" 하고 소리를 지르면/다시 살아나게 할 수는 없을까//바늘구멍으로 낙타를 들여보내기도 하고/내가 박수를 치면 하늘에 떠 있는 해와 달과 별들이/마구 쏟아져 내리게 할 수는 없을까/생각하는 것도/모두가 다 심심해서 그러는 것입니다.

-「엉뚱한 생각 2」

악을 써서 태양을 머무르게 한 부분은 여호수아(여호수아 10장)의 이야기에서, 삿대질을 하면 높은 산들이 마구 무너져내리는 부분은 '그러므로 땅이 변하든지 산이 흔들려 바다 가운데 빠지든지 바닷물이 흉용하여 뛰놀든지 그것이 넘침으로 산이 흔들릴지라도 우리는 두려워하지 아니하리로다.'(시편 46편)에서, 박수를 치면 하늘에 떠 있는 해와 달과 별들이 쏟아져 내리는 부분은 '그때 그 환난 후에 해가 어두워지며 달이 빛을 내지 아니하며 별들이 하늘에서 떨어지며 하늘에 있는 권능들이 흔들리리라'(마태복음 24, 마가복음 13)에서, 바늘구멍으로 들어가는 낙타는 '부자가 하나님의 나라에 들어가는 것보다 낙타가 바늘귀로 들어가는 것이 쉬우니라'(마태, 마가, 누가복음)의 기록과 연관된다. 시인의 상상력은 성경을 벗어나지 않는다. 성경이 기록한 사실이기 때문에 불가능한 일이 아니다.

그런데 '심심해서' 이런 상상을 한다고 한다. 정말 심심해서일까. 위의 시에서 심심하기 때문이라는 단서가 붙지 않는 부분은 예수님처럼 죽은 자를 살리는 상상력이다. 마가복음 5장에서 예수님은 '달리다굼' 하며 죽은 소녀를 일으켰다. 가까운 사람들이 죽어가는 것을 보면서 유가족들이 땅바닥을 치며 통곡하고 있을 때, 예수님처럼 '일어나라' 소리쳐서 다시 살아나면 얼마나 좋을까. 이는 사랑하는 이의 죽음을 앞에 둔 이들의 소망이다. 개인이든 단체든 그 누군가의 죽음이 안타까웠을 것이다. 심심해서 하는 상상이 아니라 간절한 바람이다.

신에게 말하고 있는 듯한 장면에서조차 엉뚱한 상상력과 장난기를 보인다는 것은 하나님과의 관계가 친밀하고 자유롭다는 것을 알 수 있다. 바람이 없는 날 저녁 강가에서 반짝이는 물비늘을 바라보는 것도 실은 심심해서 그러는 것이라는 표현은 시를 시답게 그리고 시인을 시인답게 한다. 이 같은 진지함과 엉뚱함이 시의 강약을 조절해서 긴장감을 준다.

천성 시인, 정려성 시인은 죽음, 늙음, 가족의 사랑, 그리움과 영원에 질문을 던지면서도 유머와 겸손함, 그리고 신앙 안에서 평온함, 농담과 여유를 잃지 않는다. 상실, 질병, 외로움을 직시하고 때로는 농담으로 완충하며, 신앙으로 위안을 삼는다. 이것이 시로 쓴 시론에서 언급한 '균형과 조화'이다.

향기로운 슬픔의 서사시

이 시집은 한 개인의 삶을 유년-장년-가족-노년-신앙의 흐름으로 펼쳐 보인다. 시인의 생애를 따라가는 연대기이기 때문에 한편 한편이 따로 쓰인 것 같으면서도 이어진다. 한 세대가 겪어낸 고향과 근대, 신앙, 삶의 기록, 몸으로 살아온 시간, 지나간 사람들의 숨결, 끝내 피지 못한 꽃 같은 사람들을 그리워한다. 시인은 가족을 사랑하는 아들, 남편, 아버지, 병상에 누워 신의 발자국을 기다리는 신앙인, 시대에 목소리를 내는 예언자이다. 솔직한 고백의 시는 일기 같고 편지 같으며 기도 같고, 단호한 예언서 같다.

정려성 시인의 시에서 고향과 가족과 시대와 신앙의 기저에는 슬프지만 유쾌하고, 외롭지만 향기로움이 자리한다. 그 향기로운 슬픔을 압축한 것이 다음 시이다. 다른 시는 해설을 위해 행과 연을 임의로 구분했지만 다음 시는 원문 그대로 읽어야 시가 자신의 비밀을 보여준다.

첫눈이 오는 날 밤엔,
누군가 꼭 올 것만 같아
바스락, 바스락 발자국 소리에 귀 기울여 보았네

첫눈이 오는 날 밤엔,
누군가 꼭 올 것만 같아
도란, 도란 이야기 소리에 귀 기울여 보았네

첫눈이 오는 날 밤엔,
누군가 꼭 올 것만 같아
달그락, 달그락 문고리 소리에 문을 열어 보았네.
　　　　　－「첫눈이 오는 날 밤에」

첫눈이 오는 날 밤엔 누군가 꼭 올 것만 같아서, 사랑하는 사람이면 만나게 될 순간이 설레어서, 떠나간 사람이면 한 번 더 봤으면 좋겠다는 마음에, 눈이 오는 소리는 발걸음 소리 같고 도란도란 부르는 소리 같다. 시인이 모든 감각을 동원해서 기다리는 이는 누구일까.

첫눈이 오는 날 조용하게 창가에 서서 이 시를 읊조리면 누군가 올 것 같고, 추억은 눈처럼 쌓이고, 생각은 바람처럼 스쳐간다. 그 앞에서 우리는 과거와 미래를 응시하며 우리의 '또 다른 연가'를 써갈 것이다.